Schriften

des

Vereins für Socialpolitik.

129. Band. Sechster Teil.

Gemeindebetriebe.

Neuere Versuche und Erfahrungen über die Ausdehnung der kommunalen Tätigkeit in Deutschland und im Ausland.

Zweiter Band.

Sechster Teil.

Leipzig,
Verlag von Duncker & Humblot.
1909.

Die Gemeindebetriebe der Stadt Remscheid.

Bearbeitet von

Dr. Bucerius,
Beigeordneter in Remscheid.

Der Gemeindebetriebe zweiter Band. Sechster Teil.

Im Auftrag des Vereins für Socialpolitik
herausgegeben von
Carl Johannes Fuchs.

Leipzig,
Verlag von Duncker & Humblot.
1909.

Inhalt.

	Seite
Einleitung	1
I. Das Gaswerk	5
1. Das Gaswerk als städtisches gewerbliches Unternehmen	5
2. Das Gaswerk als Gemeindeanstalt	16
II. Das Wasserwerk	24
1. Geschichtliches	24
2. Das Wasserwerk als städtisches gewerbliches Unternehmen	26
3. Das Wasserwerk als Gemeindeanstalt	34
III. Das städtische Elektrizitätswerk und Straßenbahnunternehmen	39
IV. Die Stadt als Grund- und Hausbesitzer. Städtische Wohnungsfürsorge	47
V. Der städtische Schlachthof	50
VI. Städtische Badeanstalt	52
VII. Städtische Sparkasse	53

Einleitung.

Remscheid ist Industriestadt aus geschichtlicher Überlieferung; sein Gewerbefleiß ist hauptsächlich in zwei Richtungen tätig. Remscheid ist zunächst der Hauptsitz einer bestimmten Art der Kleineisenindustrie, nämlich der Werkzeugindustrie. Sodann arbeiten von Remscheid aus eine erhebliche Zahl nicht unbedeutender Ausfuhrgeschäfte.

Einst waren für die Kleineisenindustrie in Remscheid die günstigsten Vorbedingungen vorhanden. Die Berge lieferten das Erz, die zahlreichen, durch Stauteiche nutzbar gemachten Bäche die Arbeitskraft und die weiten Wälder die Holzkohle für die Schmelzöfen und Schmiedefeuer. Heute ist von den zahlreichen Bergwerken keines mehr im Betrieb; die Wasserkräfte, die in trockenen Zeiten versagen, gestatten nach heutigen Begriffen nur einen Zwergbetrieb und ihre Ausnutzung wird immer weniger für wirtschaftlich gehalten; an Stelle der Schmelzöfen, auf denen früher jeder Schmied sich selbst den Stahl bereitete, sind die kohlenverschlingenden Stahlwerke getreten. Die Remscheider Industrie findet somit heute am Platze keines ihrer Rohstoffe. Selbst der erste und einfachste Rohstoff, das Wasser, würde in trockenen Zeiten fehlen, wenn es nicht durch künstliche Anlagen aus z. T. großen Entfernungen beschafft würde. Auch die Verkehrsverhältnisse gestalten sich erst neuerdings günstiger, nachdem die Gemeinde große Opfer für den Bau der Remscheid mit dem Rhein verbindenden Eisenbahn gebracht hat. Trotzdem hat die Remscheider Werkzeugindustrie in stetiger Entwicklung ihren Platz behauptet. Die Entwicklung selbst findet ihren einfachsten Ausdruck in der Bevölkerungszunahme; die Bevölkerung betrug nach den amtlichen Zählungen im Jahre

    1871: 20 975 Seelen,   1890: 40 371 Seelen,
    1875: 26 120   „   1895: 47 283   „
    1880: 30 029   „   1900: 58 103   „
    1885: 33 986   „   1905: 64 340   „

Die fortgeschriebene Bevölkerungszahl im Oktober 1908: 68 120 Seelen.

Daß die Werkzeugindustrie in Remscheid trotz des Mangels an allen für sie notwendigen Rohstoffen heimisch geblieben ist, hat seinen Grund zunächst in dem Vorhandensein eines gelernten Arbeiterstammes, der für diese Industrie um so notwendiger ist, als hier eine sehr weitgehende Spezialisierung in der Erzeugung der zahllosen verschiedenen Werkzeuge Platz gegriffen hat. Einen weiteren Grund bildet diese Spezialisierung selbst, indem sie einer nicht geringen Zahl von kleinen und mittleren Gewerbetreibenden das Dasein ermöglicht; in diesen kleineren Betrieben spielt aber nicht die Beschaffung der Rohstoffe, sondern die Fachkunde seines Leiters und seiner Gehilfen die Hauptrolle. Heute noch kommt es vor, daß ein einfacher Schmied, der Jahre hindurch nur ein oder wenige Werkzeuge hergestellt hat, an dem Werkzeug selbst oder in seiner Erzeugung so erhebliche Verbesserungen einzuführen weiß, daß er von keinem Wettbewerb der Welt übertroffen mit hohem Verdienst arbeitet und sich zum mittleren Fabrikanten aufschwingt. Das Kennzeichnende der Remscheider Industrie sind daher nicht die mit reichlichem Kapital gewissermaßen aus einem Guß dahingesetzten großen Werke, sondern die mühsam sich von kleinen Anfängen, mit stets knappen Mitteln emporarbeitenden Betriebe. Dieser Zustand wird veranschaulicht durch die folgende Übersicht über die in den einzelnen Betrieben beschäftigten Arbeiter. Es betrug die Zahl der Betriebe:

>   mit weniger als   10 Arbeitern: 353
>   „   10 bis   25   „   111
>   „   26   „   50   „   53
>   „   51   „   100   „   29
>   „   101   „   1000   „   18
>   mit mehr als   1000   „   2

Endlich wird die alle Veränderungen in den Erzeugungsbedingungen überdauernde Seßhaftigkeit der Remscheider Industrie begründet durch ihre eigenartige Verbindung mit dem Handel. Die deutsche Kleineisenindustrie ist zu einem erheblichen Teile auf die Ausfuhr angewiesen. Das Arbeiten für die Bedürfnisse fremder Länder erfordert aber eine genaue Kenntnis der jeweils herrschenden Verhältnisse in den fernen Absatzgebieten und ein aufmerksames Verfolgen aller Absatzmöglichkeiten. Diese Aufgabe übernehmen für die Remscheider Werkzeugindustrie die zahlreich in Remscheid ansässigen Ausfuhrgeschäfte. An reinen Exportgeschäften wurden in Remscheid im Jahre 1908 gezählt: 44. Dazu kommen noch 45 größere und mittlere Fabrikanten, die selbst für die Ausfuhr einige Warenarten herstellen, die sie dann unter einer großen

Sammlung fremder Waren im Auslande vertreiben. Endlich sind noch etwa 109 Kommissionsgeschäfte hinzuzuzählen, die z. T. auch für auswärtige Geschäfte den Ankauf von Remscheider Erzeugnissen vermitteln. Der Gesamtwert der von Remscheider Kaufleuten bewirkten Ausfuhr deutscher Waren entzieht sich jeder genauen Schätzung, ebenso der Wert der ausgeführten Remscheider Waren. Einen gewissen Anhalt gibt jedoch das im Ausfuhrhandel von Remscheidern erworbene reine Einkommen, das sich auf 10 Millionen Mk. jährlich schätzen läßt.

Auch das Vorhandensein dieses Ausfuhrhandels, dessen natürlicher Sitz die Seestadt wäre, erklärt sich in Remscheid nur aus geschichtlicher Überlieferung. Die Fühlung mit der Remscheider Industrie ist für diesen Handel nicht von großer Bedeutung, da das Verhältnis der Remscheider Waren zu den von fremden Erzeugungsstätten ausgeführten meist ein verschwindend geringes ist. Dagegen sind die Remscheider Geschäfte gegenüber den Ausfuhrgeschäften z. B. in Hamburg insofern im Nachteil, als sich für sie zwischen Packhaus und Schiff noch eine Eisenbahnbeförderung und ein Spediteur schiebt.

Das sind in großen Zügen die grundlegenden Verhältnisse, in denen Handel und Gewerbe in Remscheid leben. Sie sind schwierig genug, um die stete Beachtung der Gemeindeverwaltung zu erfordern, namentlich dann, wenn es sich um eine für das wirtschaftliche Leben bedeutsame Maßnahme der städtischen Verwaltung handelt. Das ist aber stets der Fall, wenn die Ausgestaltung der Gemeindesteuern und die Einrichtung und Bewirtschaftung der Gemeindebetriebe in Frage steht.

Die Gemeindesteuern sind hier insofern zu betrachten, als sie für die Grundsätze von Bedeutung sind, nach denen die Gemeindebetriebe bewirtschaftet werden müssen. Dabei kommt es aber nicht allein auf die tatsächliche Höhe der Steuern, sondern auch auf ihre Höhe im Vergleich zu den in anderen Städten des rheinisch-westfälischen Industriebezirkes erhobenen Steuern an. Dem diene folgende, die Zahlen aus dem Haushaltsjahre 1908 wiedergebende Übersicht (s. S. 4).

Die Übersicht zeigt, daß die Gemeindesteuern in Remscheid einen nicht unbedenklichen Stand erreicht haben. Es erklärt sich das aus der raschen Bevölkerungszunahme und der eigenartigen, den Anbau erschwerenden Bodengestalt des Gemeindegebietes. Der Bezirk der Stadt Remscheid umfaßt rund 3200 ha; alle Teile des Bezirkes sind bei einer Einwohnerzahl von 68 000 Seelen mehr oder minder besiedelt; daraus ergibt sich, daß die Bebauung eine sehr weitläufige und auseinander-

	Ein­wohner­zahl in 1000 Seelen	Ein­kommen­steuer in % d. staatlich veranlag­ten Steuer	Grund- u. Ge­bäudesteuer		Gewerbesteuer in % d. staat­lich veranlag­ten Steuer		Gesamtes Auf­kommen an Gemeinde­steuern	
			in % d. staatl. veran­lagten Steuer	in %₀ des ge­meinen Wertes	1. u. 2. Klasse	3. u. 4. Klasse	in 1000 Mark	auf den Kopf der Bevölke­rung
Barmen . . .	162	210	214	3	240/220	200	6 166	12,03
Bielefeld . . .	72	195	210	—	210	210	2 378	12,65
Bonn	84	120	170	1,9	170	155	3 124	19,5
Coblenz . . .	56	110	121	2	120	120	1 511	13,31
Hamm . . .	41	200	240	2,4	**340**	**340**	1 211	8,69
Mülheim (Rhein)	53	175	222	2,85	**240**	**240**	1 717	12,17
Oberhausen . .	58	225	225	2,6	**482**	**482**	1 968	11,12
Solingen . . .	50	200	200	1	200	200	1 513	9,5
Recklinghausen .	50	210	318,82	3	**605**	**605**	1 573	7,87
Remscheid. . .	68	230	218,6	3,5	300	230	2 247	10,57

Die fetten Zahlen bedeuten, daß die betreffenden Steuern nach einer besonderen, ortsstatutarisch festgesetzten Steuerordnung erhoben werden, und geben deren Ergebnis in % der staatlich veranlagten Steuer an. Die Zahlen sind den Mitteilungen des Statistischen Amtes der Stadt Elberfeld (Dr. Maaß) entnommen.

gezogene ist; so sind denn auch 120 km zur Bebauung geeignete Straßen vorhanden. Dabei liegt die Stadt auf fünf verschiedenen Bergen mit zum Teil sehr schroffen Abhängen; die höchste Erhebung im Stadtgebiet liegt 380 m, der niedrigste Punkt 107 m über dem Meere. Straßen­steigungen im Verhältnis von 1:10 und mehr sind nichts Seltenes. Die Regenhöhe ist eine sehr hohe (1000—1300 mm) und häufige, starke Regengüsse erfordern besondere Maßnahmen. Dagegen fließt im Stadt­gebiet kein Fluß, vielmehr muß die Abwässerbeseitigung als Vorfluter Gebirgsbäche benutzen, die einen sehr wechselnden Wasserstand aufweisen und zeitweise ganz versiegen. Aus diesen wenigen Angaben vermag der Kundige ohne weiteres zu erkennen, daß Remscheid außergewöhnlich hohe Aufwendungen für Straßen, Straßenbeleuchtung, Entwässerung und Abwässerreinigung, Schulen (kleine Schulsysteme zur Vermeidung zu großer Schulwege), Polizei usw. zu machen hat. Durch diese un­umgänglich notwendigen Ausgaben wird die Steuerkraft der Gemeinde so stark angespannt, daß die Stadt es sich versagen muß, höhere kulturelle Aufgaben freiwillig zu übernehmen, wodurch andere, günstiger gestellte Städte ihren Bürgern das städtische Leben veredeln. Vielmehr ist eine glatte Erfüllung der bringenden städtischen Aufgaben nur dann möglich, wenn alle Gemeindebetriebe nicht etwa Zuschüsse erfordern, sondern im ganzen erhebliche Überschüsse ergeben.

Die Gemeindebetriebe der Stadt Remscheid.

I. Das Gaswerk.

1. Das Gaswerk als städtisches, gewerbliches Unternehmen.

Das städtische Gaswerk besteht seit dem Jahre 1864. Nachdem das Werk in den ersten Jahren schlecht gewirtschaftet hatte, erhielt es sehr bald eine streng kaufmännische Buchführung; gleichzeitig wurde die Kasse vollkommen von der Gemeindekasse getrennt. Die Gasanstalt stellt seitdem auch einen besonderen Haushaltsplan auf.

Die Kosten sowohl für die erste Einrichtung als auch für alle späteren Neubauten und sonstigen Veränderungen sind nicht aus dem Gemeindevermögen entnommen, sondern sind, soweit nicht Überschüsse des eigenen Betriebes dazu dienten, durch Anleihen aufgebracht. Wie wohl in den meisten Städten, so erscheinen auch hier diese Anleihen in den Büchern des Gaswerkes als eigene Schulden der Anstalt; Verzinsung und Tilgung werden durch ihren Haushaltsplan vorgesehen. Die Verzinsung wird auch unter den Betriebsausgaben verrechnet. Die Tilgung dagegen erscheint als solche überhaupt nicht in den Büchern; vielmehr wird auf der Gewinn- und Verlustrechnung der Betriebsüberschuß zunächst auf „planmäßige Abschreibungen" verteilt. Die Summe dieser Abschreibungen ist etwa gleich der Summe der im Jahre aufzubringenden Tilgungsbeträge oder m. a. W. die Abschreibungen auf die einzelnen Vermögenswerte werden mehr oder minder künstlich errechnet: es wird die zur Tilgung der Schulden verwendete Summe, wie sie von den Schulden beim Jahresabschluß abgezogen wird, in gleicher Höhe auch von dem Vermögen abgerechnet. Dabei werden auf die einzelnen Vermögenswerte verschiedene Beträge, die der Wertminderung oder Abnutzung möglichst nahe kommen, verteilt.

In den Haushaltsplan wird von vornherein eine Summe eingestellt, welche als Überschuß desselben Jahres an die Stadtkasse abgeführt werden soll. Gestaltet

sich der Überschuß größer als veranschlagt, so wird er in dem Haushalts=
plan des übernächsten Jahres als an die Stadtkasse zu zahlen unter den
Ausgaben ausgewiesen. Sollte es sich einmal ereignen, daß der Über=
schuß hinter dem Anschlage zurückbleibt, so würde im Jahresabschluß ein
Verlust, der aus den Rücklagen zu decken wäre, auftreten.

Da somit schon im Laufe des Betriebsjahres 1. die Zinsen des
Anlagekapitals, 2. die Tilgungsbeträge, 3. der größte Teil des Gewinnes
an die Stadtkasse abgeführt werden, so weist der Jahresabschluß
(Vermögensbilanz) keinen Gewinn und meist nur einen geringen Kassen=
bestand aus. Die im Laufe der Jahre aufgenommenen Anleihen werden
nur mit ihren noch nicht getilgten Beträgen eingestellt.

Diese Art der Rechnung ist wie bei den Gaswerken so bei den
übrigen Eigenbetrieben, hier wie in anderen Gemeinden gebräuchlich; sie
ist aber nicht geeignet, die Grundlage für eine Beurteilung der Gemeinde=
betriebe zu bilden, mag man nun die wirtschaftliche oder mag man die
soziale Bedeutung der Gemeindebetriebe untersuchen wollen. Kein privater
Inhaber eines größeren gewerblichen Unternehmens würde oder könnte es
sich ungestraft erlauben, in solchem Maße schon im Laufe des
Geschäftsjahres dem Betriebe Betriebsmittel in Anrechnung auf
den erhofften Gewinn zu entnehmen. Kein Privatunternehmen würde
man für gesund halten, das trotz aller Überschüsse und trotz aller Er=
weiterungen fortgesetzt ausschließlich mit fremdem Gelde arbeitete,
wie bei den städtischen Betrieben geschieht, wenn im Jahresabschluß unter
den Schulden die Anleihen nach Abzug der getilgten Beträge
eingesetzt und auf der anderen Seite von den Vermögenswerten genau
die Tilgungsbeträge abgeschrieben werden. Die Gemeinden zeigen bezüglich
ihrer Betriebe das Bild eines Mannes, der sich dank hoher Einnahmen
große Bedürfnisse gestattet, dabei aber von der Hand in den Mund lebt,
so daß er eines Tages, wenn die Erwerbsquelle versiegen sollte, in einer
Mittellosigkeit dasteht, die ihn wegen seiner großen Bedürfnisse um so
schwerer treffen muß. So kommt es, daß die Eigenbetriebe der Städte
fortgesetzt Anleihebedürfnis haben, ohne daß diesen neuen Anleihen neu=
geschaffene Vermögenswerte in gleichem Maße gegenüberstehen. Vielmehr
ersetzen diese Anleihen zu einem gewissen Teile nur die durch die Tilgung
dem Betriebe entzogenen Anlagegelder und werden zu einem gleichen Teile
nur dazu verwandt, verbrauchte Vermögenswerte zu erneuern. Die An=
leihen, mit denen heute alle Städte in regelmäßiger Wiederkehr auf den
Markt kommen, setzen sich daher zu einem großen Teile aus einer Reihe
von kleinen Beträgen zusammen, die seit der letzten Anleihe von den

Stadtvertretungen für die Zwecke der Eigenbetriebe nach und nach „auf Anleihe bewilligt" worden sind. Es unterliegt keinem Zweifel, daß diese oft lächerlich kleinen Beträge das Treibende in der Anleihewirtschaft der Städte bilden.

Wenn man sich von der wirtschaftlichen Lage eines städtischen Werkes ein zutreffendes Bild machen will, so muß man die sämtlichen Jahresabschlüsse und Rechnungen umrechnen. Man muß zunächst in dem Jahresabschlusse die verschiedenen Anleihen nach ihrem ursprünglichen Stande einstellen. Man kann sich diese Maßregel am besten veranschaulichen, indem man sich auf den Standpunkt stellt, als seien die Gemeindebetriebe jeder für sich eine Aktiengesellschaft, deren sämtliche Aktien im Besitze der Stadt sich befinden. In den Abschlüssen der Aktiengesellschaften erscheint unter den Schulden ja auch stets das ungeminderte Aktienkapital. Aus diesem Vergleich ergibt sich dann weiter, daß die im letzten Jahre aus den Betriebseinnahmen gezahlten Anleihezinsen und Tilgungsbeträge zunächst dem Kassenbestande wieder hinzugerechnet werden müssen, da eine Aktiengesellschaft weder Zinsen zahlt noch ihre Aktien tilgt, trotzdem sie natürlich auch auf ihre Vermögenswerte abschreibt. Auf diesem Wege erhält man zunächst ein Bild von der wirtschaftlichen Lage des Betriebes, wie sie sich bei einer vollkommen durchgeführten kaufmännischen Buchführung buchmäßig darstellt. In der Anlage ist diese Umrechnung für das Gaswerk der Stadt Remscheid durchgeführt. Es wird zunächst die Betriebsrechnung, die Gewinn- und Verlustrechnung und der Jahresabschluß für das Haushaltsjahr 1907, so wie sie wirklich gelegt worden sind, nur in abgerundeten Zahlen, mitgeteilt (Anlagen A-C). Daran anschließend wird dann ein nach den oben entwickelten Grundsätzen aufgestellter Abschluß gezeigt (Anlage D). Dieser Abschluß ergibt dann einen Gewinn von 30000 Mk. = 3,18 v. H. des Anlagekapitals, während der Haushaltsplan für das Jahr 1907 außer 22000 Mk. Zinsen für die noch ungetilgten Anleihen 200 000 Mk. für die Stadtkasse anforderte.

(Siehe die Anlagen A bis D S. 8 ff.)

Will man nun feststellen, wie sich der Gemeindebetrieb während der ganzen Zeit seines Bestehens verzinst hat, so muß man folgende Zahlen ermitteln:

1. die während jener ganzen Zeit erfolgten Zahlungen an die Stadtkasse, und zwar

    a) als Zinsen,

    b) als Überschüsse;

Anlage A.

Betriebsberechnung der Gasanstalt für das Haushaltsjahr 1907.

Soll.	Mk.		Haben.	Mk.
Bestand an Gas- und Rohstoffen am 1. April 1907	1 475	Für 2 848 743 cbm Leucht-, Koch- und Heizgas		370 336
Ausgaben für Rohstoffe (Kohlen, Benzol, Eisenerz)	232 360	" 920 698 " Kraftgas		92 069
Betriebsausgaben	11 511	" nicht abgenommenes Gas		519
An Arbeitslöhnen	48 312	" Nebenprodukte: Koks	112 370 Mk	
" Gehältern	34 980	Aschenkoks	2 126 "	
" Verwaltungs- und Bureaukosten	4 468	Teer	19 448 "	
" Steuern, Abgaben und Versicherungen	14 516	Ammoniakwasser	19 318 "	
" Ausbesserungen	16 263	Graphit	409 "	
" Zinsen auf die noch ungetilgten Anleihen	21 982	Reinigungsmasse	2 224 "	
" kleineren unvorhergesehenen Ausgaben	188		zusammen	155 895
Gewinn- und Verlustrechnung	266 524	" Straßenbeleuchtung		31 836
		" Gasuhrenmiete		331
		" kleinere Ausgaben		152
		Bestand an Gas- und Rohstoffen am 31. März 1908		1 441
	652 579			652 579

Anmerkung: Außer dieser Betriebsberechnung werden noch zwei Nebenrechnungen, nämlich über den Betrieb der Straßenbeleuchtung und den Betrieb des Gaseinrichtungsgeschäftes (Installationsgeschäfts) geführt. Das Ergebnis dieser Nebenrechnungen wird unmittelbar in die Gewinn- und Verlustrechnung eingestellt.

Die Gemeindebetriebe der Stadt Remscheid. 9

Anlage B. Gewinn- und Verlustrechnung der Gasanstalt für das Haushaltsjahr 1907.

Soll	Mk.	Mk.	Haben	Mk.	Mk.
Verlust an nicht einziehbarem Gaszins	84		Nachträglich erhaltener Gaszins		1
Verlust an der Straßenbeleuchtung	3 787		Gewinn auf der Betriebsrechnung		266 525
Verwendung des Betriebsüberschusses:			Gewinn auf der Rechnung für Einrichtung von Gasleitungen		6 016
1. Planmäßige Abschreibungen:					
Rohrnetz etwa 2½ % = 5 650 Mk.					
Gasuhren „ 9 „ = 5 277 „					
Gasöfen „ 1 „ = 1 274 „					
Grundbesitz „ 4 „ = 1 000 „					
Gebäude „ 8 „ = 5 000 „					
Laternen „ 17½ „ = 3 429 „					
Koksgasanstalt „ 10½ „ = 6 686 „	28 316 Mk.				
2. Außerordentliche Abschreibungen:					
Rohrnetz etwa 5 % = 11 360 Mk.					
Gasuhren „ 3 „ = 1 500 „					
Gasöfen „ 6 „ = 11 995 „	24 855 Mk.				
3. Etatsmäßiger Zuschuß an die Stadtkasse	200 000 Mk.				
4. Der Rücklage überwiesen	15 000 „				
5. Der Unterstützungsrücklage überwiesen	500 „	268 671			
		272 542			272 542

Anlage C. Jahresabschluß der Gasanstalt am 31. März 1908.
(Wirklich gelegter Abschluß.)

Vermögen.

		Mk.	Mk.
Grundbesitz:	Buchwert am 1. April 1907 32 900 Mk. Abschreibung für 1907 1 000 "		31 900
Gebäude:	Buchwert am 1. April 1907 59 000 Mk. Abschreibung für 1907 5 000 "		54 000
Gasöfen, Maschinen usw.:	Buchwert am 1. April 1907 170 000 Mk. Neuanlagen 13 300 " Abschreibung für 1907 183 300 Mk. 13 300 "		170 000
Koks= gasanstalt:	Buchwert am 1. April 1907 63 800 Mk. Abschreibung 6 700 "		57 100
Rohrnetz:	Buchwert am 1. April 1907 205 000 Mk. Neuanlagen 20 000 " auf 225 000 Mk. Abschreibung für 1907 17 000 "		208 000
Straßen= laternen	Buchwert am 1. April 1907 17 000 Mk. Neuanlagen 2 400 " auf 19 400 Mk. Abschreibung für 1907 3 400 "		16 000
Gasuhren:	Buchwert am 1. April 1907 53 000 Mk. Neuanlagen 4 800 " auf 57 800 Mk. Abschreibung 6 800 "		51 000
Bestände an Kohlen, Gas, Nebenerzeugnissen usw.			44 100
Ausstehende Forderungen, Beteiligungen			60 800
Barbestand			3 500
			696 400

Schulden.

		Mk.
Schulden bei der Stadtkasse:		
1. Anleihe von 175 000 Mk. Getilgt bis 1. April 1908 116 600 "		58 400
2. Anleihe von 5 000 Mk. Getilgt bis 1. April 1908 3 100 "		1 900
3. Anleihe von 205 300 Mk. Getilgt bis 1. April 1908 67 200 "		138 100
4. Anleihe von 50 000 Mk. Getilgt bis 1. April 1908 18 100 "		31 900
5. Anleihe von 175 000 Mk. Getilgt bis 1. April 1908 48 400 "		126 600
6. Anleihe von 70 000 Mk. Getilgt bis 1. April 1908 19 000 "		51 000
7. Anleihe von 165 000 Mk. Getilgt bis 1. April 1908 7 700 "		157 300
8. Anleihe von 20 000 Mk.		20 000
Schuld an die Stadtkasse: Rest des Reingewinnes für 1906		19 000
Laufende Schulden		15 700
Betriebsmittel		50 000
Rücklagen		25 000
Rücklagen für Unterstützungszwecke		1 500
		696 400

Anlage D.   Jahresabschluß der Gasanstalt am 31. März 1908.
(Nach den S. 7 und 12 entwickelten Grundsätzen umgerechneter Abschluß.)

Vermögen.	Mk.		Schulden.	Mk.
Grundbesitz: Buchwert am 1. April 1907	32 900		Von der Stadt eingeschossenes Anlagekapital (nach dem ursprünglichen, ungetilgten Betrage) . . .	865 000
Gebäude: Buchwert am 1. April 1907	59 000		Laufende Schulden	15 700
Gasöfen, Maschinen usw.: Buchwert am 1. April 1907 170 000 Mk. Neuanlagen 13 300 „	183 300		Betriebsmittel	50 000
Koksgasanstalt: Buchwert am 1. April 1907	63 800		Rücklagen	10 000
Rohrnetz: Buchwert am 1. April 1907 205 000 Mk. Neuanlagen 20 000 „	225 000		Rücklage für Unterstützungszwecke . . .	1 000
				941 700
Straßenlaternen: Buchwert am 1. April 1907 17 000 Mk. Neuanlagen 2 400 „	19 400		Reingewinn	29 900
Gasuhren: Buchwert am 1. April 1907 53 000 Mk. Neuanlagen 4 800 „	57 800			
Bestände an Kohlen, Gas, Nebenerzeugnissen usw. . .	44 100			
Ausstehende Forderungen, Beteiligungen . . .	60 800			
Barbestand	225 500			
	971 600			971 600

2. die im Laufe der Zeit aus den Betriebsüberschüssen zu Neuanlagen verwandten Summen. Diese letzteren Summen erreichen in vielen städtischen Betrieben eine recht erhebliche Höhe. Das Verhältnis der aus den Betriebsüberschüssen zum Zwecke von Neuanlagen entnommenen Summen zu den in den Betrieb gesteckten Anleihen ist das zuverlässigste, aber auch das einzigste Merkmal für die Beurteilung der Frage, ob ein Gemeindebetrieb gesund ist. Diese aus den Überschüssen bestrittenen Neuanlagen bilden bei allen städtischen Betrieben, deren Rechnung nach den oben gezeigten Grundsätzen abgeschlossen wird, die einzigen wirklichen Abschreibungen. Sie werden daher auch oft als „außerordentliche Abschreibungen" (wie z. B. in der oben mitgeteilten Gewinn- und Verlustrechnung) bezeichnet. Deshalb ist es gerechtfertigt, auch diesen Teil der Überschüsse als Gewinn zu behandeln. Dabei ist freilich im Auge zu behalten, daß manches als Neuanlage bezeichnet wird, was in der Tat nur Ausbesserung ist; inwieweit das im einzelnen Falle geschehen ist, läßt sich natürlich für die Vergangenheit nicht mehr nachprüfen.

Die unter 1 bis 2 bezeichneten Summen betrugen beim Gaswerk der Stadt Remscheid bis zum 31. März 1908:

1. a) Zinsen . . . . 430 000 Mk.
1. b) Überschüsse . . . . . 1 550 000 „
2. Außerordentliche Abschreibungen 1 020 000 „

zusammen 3 000 000 Mk.

Diese 3 000 000 Mk. stellen eine durchschnittliche Verzinsung des jeweils angelegten Vermögens von reichlich 23 v. H. dar[1]. Die außerordentlichen Abschreibungen betragen mit 1 020 000 Mk. durchschnittlich etwa 8 v. H. des Anlagekapitals. Selbst wenn man nun auch jene eben als notwendig bezeichnete Einschränkung macht, kann man das städtische Gaswerk vom rein wirtschaftlichen Standpunkte aus als ein gesundes Unternehmen, das hohe Gewinne abwirft, bezeichnen.

---

[1] Die durchschnittliche Verzinsung errechnet man in folgender Weise. Angenommen es seien a, b und c Mark vor m bzw. n bzw. p Jahren als Anleihen in den Betrieb gesteckt worden; d Mark seien die Summe aus Zinsen, Überschüssen und außerordentlichen Abschreibungen; so ergibt sich die durchschnittliche Verzinsung x aus folgender Gleichung:

$$\frac{a \cdot m \cdot x}{100} + \frac{b \cdot n \cdot x}{100} + \frac{c \cdot p \cdot x}{100} = d.$$

Es ist jedoch nicht zu verkennen, daß in den letzten zehn Jahren hier wie in anderen Städten die Grundsätze, welche jene gesunde Grundlage geschaffen haben, nicht mehr so folgerichtig verfolgt werden wie früher. Im letzten Jahrzehnt sind die Anforderungen an die Gemeinden unzweifelhaft stärker gestiegen als ihre Steuerkraft; die fortgesetzte Steigerung der Gehälter und Löhne und die unausgesetzt sich mehrenden sozialen und hygienischen Forderungen haben die Gemeindehaushalte schwer belastet. Die Folge davon war, daß überall die Gemeindevertretungen versuchten, die Eigenbetriebe schärfer heranzuziehen. Welche Wirkung das für Remscheid hatte, ergibt folgende Übersicht:

Jahr	An Gemeindeeinkommensteuer wurde erhoben: v.H. der staatlich veranlagten Steuer	Der Überschuß der Gasanstalt nach Abzug v. Zinsen u. Tilgung der Anleihen betrug	Davon wurden zu Neuanlagen verwendet:		Der Stadtkasse überwiesen	In Rücklage gestellt	
				v.H. des jeweils angelegten Kapitals			v.H. d. jeweils angelegten Kapitals
		Mk.	Mk.		Mk.	Mk.	
1897	160	124 000	59 000	12,8	65 000	—	—
1898	170	165 000	70 000	15,2	75 000	20 000	4,3
1899	190	162 000	77 000	16,7	85 000	—	—
1900	180	182 000	62 000	13,5	120 000	—	—
1901	175	150 000	29 000	4,6	120 000	1 000	0,15
1902	180	160 000	—	—	120 000	40 000	6,3
1903	230	174 000	38 000	5,4	127 000	9 000	1,27
1904	230	172 000	22 000	3,1	150 000	—	—
1905	230	220 000	32 000	4,5	188 000	—	—
1906	230	238 000	29 000	4,1	199 000	10 000	1,4
1907	230	240 000	25 000	3,5	200 000	15 000	2,1

Wie diese Zahlen ohne weiteres zeigen, hat das sprunghafte Steigen des Steuerzuschlages den Wunsch rege gemacht, die in günstiger Entwicklung befindlichen Überschüsse der Gasanstalt für den Gemeindehaushalt in stärkerem Maße nutzbar zu machen. Das ist dann auch in immer größerem Umfange geschehen, so daß die aus den Betriebsüberschüssen bezahlten Neuanlagen, die wir oben als die einzigen wirklichen Abschreibungen bezeichneten, einschließlich der baren Rücklagen nur mehr etwa 5 v. H. des jeweiligen Anlagekapitals ausmachen. Die Folge davon war, daß die Gasanstalt, die in den Jahren 1887—1900 nur 50 000 Mk. aus Anleihen bedurfte,

        1900: 175 000 Mk.
        1902: 70 000 „
        1903: 165 000 „
        1908: 20 000 „

Anleihemittel verbrauchte.

Natürlich ist dieser Wandel nicht ohne eingehende Erörterungen innerhalb der Gemeindevertretung vor sich gegangen. Auf der einen Seite wurde betont, daß neue werbende Anlagen, also z. B. neue Rohrstrecken, grundsätzlich aus Anleihemitteln gebaut werden müßten. Von den Gegnern wurde darauf hingewiesen, daß die Abschreibungen, die der Anleihetilgung entsprächen, nach kaufmännischen Grundsätzen nicht genügten. Man sieht, es wiederholt sich hier derselbe Kampf, der sich alljährlich im preußischen Landtage bei der Beratung des Haushaltsplanes für die Staatsbahnen zwischen der Regierung und namentlich den liberalen Parteien abspielt. Ohne zu den Anforderungen der Parteien an die Eisenbahnüberschüsse Stellung zu nehmen, muß für die Gemeindebetriebe die Frage kurz erörtert werden.

Man denke sich eine Gemeinde, deren gesamtes Gebiet für die Bebauung aufgeschlossen ist. Die dieser Gemeinde gehörige Gasanstalt hat ihr Rohrnetz über sämtliche Straßen ausgedehnt; ihre Gasöfen usw. sind so bemessen, daß sie auch den voraussichtlichen Mehrverbrauch der nächsten 20 Jahre zu decken vermögen; eigentliche Neuanlagen werden also in den nächsten 20 Jahren nicht erforderlich sein. Die Gasanstalt steht heute mit 1 000 000 Mk. zu Buche; die Gemeinde tilgt die zu dem Zwecke aufgenommene Anleihe mit durchschnittlich 5 v. H. Nach 20 Jahren würde dieses Anlagekapital dann getilgt sein. Ebenso würden nach den oben dargelegten Grundsätzen auf die Vermögenswerte durchschnittlich 5 v. H. jährlich abgeschrieben sein, also auch das Werk selbst würde nach 20 Jahren mit Null zu Buche stehen. Das erscheint zunächst als durchaus gesund. Wie aber, wenn nach 10 Jahren bereits ein Ofen erneuert werden muß, sei es, weil er verschlissen ist, sei es, weil eine neuere Bauart eine billigere Erzeugung und damit einen Ausgleich gegen die Erhöhung der Rohstoffpreise verspricht. Angenommen diese Ersatzanlage kostet 200 000 Mk., die natürlich im Wege der Anleihe beschafft werden müssen. Um diesen Betrag erhöhen sich dann die Schulden und, damit kein Verlust erscheint, auch die Vermögenswerte. M. a. W. der noch nicht abgeschriebene Teil der alten, beseitigten Anlage wird noch weitere 10 Jahre durch die Bücher geschleppt werden, wird den Gewinn verkleinern, den er nicht zu erzeugen hilft[1]. Derartige Vorgänge können sich nun in den 20 Betriebsjahren noch mehrfach wiederholen und schließlich zu einer Verwässerung der Anlage führen. Es wird gegen

---

[1] Ein Beispiel für einen derartigen Vorgang werden wir unten S. 33 kennen lernen.

alle Grundsätze der Gemeindewirtschaft der Zukunft die Tilgung einer in der Vergangenheit verbrauchten Anlage aufgebürdet.

Um eine derartige Wirtschaft zu verhüten, gibt es nur zwei Mittel. Das einfachste ist, bei den städtischen Betrieben, wie bei den Aktiengesellschaften, in den Jahresabschlüssen unter den Schulden stets das ganze Anlagekapital ohne Rücksicht auf die durch die Stadtkasse mit Hülfe der Gewinne bewirkte Tilgung einzustellen, trotzdem aber natürlich angemessene Beträge jährlich von den Vermögenswerten abzuschreiben. Dann müssen sich im Vergleich zu der jetzt meist üblichen Art der Buchung die Tilgungsbeträge in irgendeiner Form auf der Vermögensseite ansammeln, sei es in flüssigen Mitteln, sei es in Neuanlagen, die aus den Überschüssen beschafft wurden. Das Unternehmen behält stets seinen Wert, vorausgesetzt daß die Abschreibungen wirklich angemessen sind; sind Aufwendungen notwendig, die nicht aus den eigenen Mitteln des Unternehmens bestritten werden können, so kann man in der Regel ruhig annehmen, daß es sich um wertvergrößernde, neuwerbende Anlagen handelt. An die Stadtkasse gelangt dann nur der beim Jahresschluß sich ergebende, wirklich vorhandene Gewinn, nicht ein im Haushaltsplan angenommener, nur erhoffter Überschuß. Sache der Stadtkasse ist es, aus den Gewinnen dann die Anleihen, die in den Eigenbetrieb gesteckt sind, zu verzinsen und zu tilgen. So wirkt jener einfache kaufmännische Grundsatz selbsttätig und sicher. Dennoch werden wenige Gemeinden in der Lage sein, ihn anzuwenden. Die Anleihen, die zum Zweck des Eigenbetriebes aufgenommen sind, müssen jährlich ohne Rücksicht darauf, ob der Betrieb Überschüsse erzielt, meist mit erheblichen Beträgen getilgt werden. Nun wirft ein Eigenbetrieb nicht immer und namentlich nicht in der ersten Zeit so viel Gewinn ab, um Tilgung und Verzinsung neben angemessenen Abschreibungen zu ermöglichen. Für solche Zwecke aber aus anderen Mitteln Zuschüsse zu leisten, dazu wird selten eine Gemeindevertretung zu bewegen sein. Wünschenswert wäre es, wenn die Aufsichtsbehörden gestatteten, daß die Tilgung nach Maßgabe der Überschüsse erfolgte; sie brauchte darum im ganzen keine geringere zu sein.

Ist jenes einfache Mittel einstweilen, namentlich für schwerbelastete Industriegemeinden, nicht anwendbar, so bleibt noch eine zweite Maßregel, die unbeirrt angewandt, den gleichen Erfolg verspricht. Das ist reichliche Verwendung von Überschüssen zu dem Zwecke von Neuanlagen. Es ist oben gezeigt worden, inwieweit das bei der Gasanstalt der Stadt Remscheid geschieht, und inwieweit dieser Grundsatz vor der Notwendigkeit, für die heute außerordentlich gestiegenen Anforderungen an die Gemeinden Mittel zu beschaffen, zurücktreten muß. Dieses Bild dürfte sich in vielen anderen Gemeinden wiederholen. So hat diese zweite Maßregel den Vorzug, daß sie beweglicher ist und die Möglichkeit gibt, den gewinnbringenden Betrieb im Gemeindehaushalt ausgleichend wirken zu lassen. Dagegen wird man, wenn man den Dingen, wie sie sind, Rechnung trägt, nichts einwenden wollen, solange es sich die Gemeindevertretungen nicht zur Regel machen, die vollen Überschüsse zur Entlastung der Steuern in Anspruch zu nehmen. Die Gefahr hierzu ist vorhanden, wenn man den Anspruch auf die vollen Überschüsse durch einen Lehrsatz rechtfertigt, dessen Unrichtigkeit wir hier nachgewiesen zu haben glauben.

2. Das Gaswerk als Gemeindeanstalt.

Die Frage zu erörtern, ob nach dem heutigen Stande der Dinge es gerechtfertigt erscheint, hier wie anderswo das Gaswerk als Gemeindeanstalt zu betreiben, würde ohne greifbaren Wert sein. Keine Gemeinde von einer gewissen Größe und Leistungsfähigkeit wird heute die städtische Gasversorgung einem Privatunternehmer überlassen; geschieht das dennoch, so liegt entweder eine (rechtliche oder tatsächliche) Gebundenheit an einen älteren Vertrag vor, oder es sind rein örtliche Gründe maßgebend gewesen, die sich zu einer verallgemeinernden Betrachtung nicht verwerten lassen.

Als Grundlage für die weiteren Untersuchungen sollen die Anlagen E bis G dienen. Sie zeigen die Entwicklung des Gaspreises in Remscheid, eine heute geltende Selbstkostenrechnung und eine vergleichende Übersicht über die Bewegung in den Preisen der bei der Selbstkostenberechnung maßgebenden Rohstoffe, Löhne und Nebenerzeugnisse.

Die Benutzung einer jeden Gemeindeanstalt durch die Gemeindeangehörigen ist nach wirtschafts- und sozialpolitischen Grundsätzen zu regeln; das gilt auch für die Gasabgabe.

Das Gas ist zunächst als Leucht- und Kochgas ein Gegenstand des täglichen Verbrauches in der Hauswirtschaft. Namentlich soweit Kochgas in Betracht kommt, gewinnt der sozialpolitische Gesichtspunkt Bedeutung, den Bürgern, insbesondere der arbeitenden Bevölkerung eine billige, stets fertige Feuerung zu schaffen. Hier wie anderswo hat man daher bis zur Einführung eines Einheitspreises das Kochgas zum Preise von Kraftgas also nach dem niedrigsten Tarif abgegeben. Doch soll man den Wert jenes Zieles nicht über-

Anlage E.
Übersicht über die Gaspreise von 1863 bis heute.

Die Gaspreise betrugen

in den Jahren	für Leuchtgas	für Koch-, Heiz- und Kraftgas
1863—1866	26 Pf.	26 Pf.
1867—1868	23,5 „	23,5 „
1869—1873	22,5 „	22,5 „
1874—1879	20 „	20 „
1880—1882	17 „	17 „ Rabatt bis zu 20 vom Hundert
1883—1886	17 „ Ermäßigung durch Rabatt bis auf 12 Pf.	12 Pf.
1887	17 Pf. Ermäßigung durch Rabatt bis auf 12 Pf.	11 „
1888—1889	15 Pf. Ermäßigung durch Rabatt bis auf 9 Pf.	9 „
1890—1891	16 Pf. Ermäßigung durch Rabatt bis auf 10 Pf.	10 „
1892—1905	15 Pf. Ermäßigung durch Rabatt bis auf 10 Pf.	10 „
1906 bis heute	13 Pf.	Koch- u. Heizg. 13 Pf., Kraftg. 10 Pf.

Gasuhrenmiete wird nicht erhoben.

Anlage F.
Übersicht über die Selbstkosten von 1 cbm erzeugten Gases im Betriebsjahre 1907.

An Rohstoffen (Kohlen, Benzol, Eisenerz) . . 4,83 Pf.
„ Arbeitslöhnen . . . . 1 „
„ Gehältern . . . . 0,73 „
„ Verwaltungskosten . . . . 0,09 „
„ Steuern und Abgaben . . . . 0,30 „
„ Ausbesserungen . . . . 0,34 „
„ verschiedenen Ausgaben . . . . 0,27 „
„ Zinsen auf die noch ungetilgten Anleihen 0,46 „
„ „planmäßigen Abschreibungen" (Tilgung) 0,59 „
„ „außerordentlichen Abschreibungen" (Neuanlagen) . . . . 0,52 „

zusammen: 9,13 Pf.

Anmerkung: Im Gegensatz zu der folgenden Übersicht ist bei der vorstehenden Berechnung die ganze Menge des erzeugten Gases ohne Abzug des Gasverlustes in den Leitungen usw. zugrunde gelegt.

Anlage G.

Übersicht über die Preisbewegung in den zur Gaserzeugung notwendigen Rohstoffen, in den Arbeitslöhnen und in den gewonnenen Nebenerzeugnissen.

Im Jahre	100 Zenter Kohlen kosteten	1 cbm Gas kostete			Die Nebenerzeugnisse ergaben auf den cbm Gas	bleibt
		an Rohstoffen	an Arbeitslöhnen	zusammen		
	Mk.	Pf.	Pf.	Pf.	Pf.	Pf.
1870	60,—	13,38	2,9	16,28	2,—	14,28
1875	39,—	8,2	4,55	12,75	3,75	9,—
1880	29,50	6,—	2,5	8,5	3,65	4,85
1885	39,—	5,93	2,3	8,23	2,56	5,67
1886	37,50	5,2	1,8	7,—	1,9	5,1
1887	38,—	4,92	1,57	6,49	2,23	4,26
1888	39,—	4,87	1,58	6,45	2,88	3,57
1889	45,—	4,84	1,57	6,41	4,—	2,41
1890	67,—	6,61	1,57	8,18	4,86	3,32
1891	62,50	7,—	1,37	8,37	4,62	3,75
1892	53,—	6,—	1,37	7,37	4,—	3,37
1893	47,50	5,55	1,38	6,93	3,6	3,33
1894	50,—	6,15	1,2	7,35	3,6	3,75
1895	50,—	5,75	1,18	6,93	4,—	2,93
1896	55,—	5,87	1,—	6,87	3,8	3,07
1897	54,25	6,—	1,24	7,24	3,9	3,34
1898	54,—	5,84	1,15	6,99	3,87	3,12
1899	54,50	6,1	1,4	7,5	4,4	3,1
1900	62,50	7,32	1,3	8,62	5,36	3,26
1901	63,75	7,06	1,28	8,34	4,—	4,34
1902	59,—	5,61	1,18	6,79	2,15	4,64
1903	59,—	5,67	1,14	6,81	2,58	4,23
1904	56,25	6,51	1,35	7,86	3,45	4,41
1905	58,50	5,75	1,35	7,1	3,85	3,25
1906	60,50	5,88	1,28	7,16	3,9	3,26
1907	65,—	6,16	1,28	7,44	4,13	3,31

Anmerkung: 1. Unter den Rohstoffen sind Kohlen und Reinigungsmasse verstanden. 2. Die Berechnung ist erfolgt auf den cbm verkauften Gases (Gegensatz: erzeugtes Gas; Abzüge: Gasverlust in den Leitungen; Eigenverbrauch; Straßenbeleuchtung). 3. Es ist das Ergebnis des Verkaufes der Nebenerzeugnisse auf den cbm berechnet; der Selbstverbrauch an Koks bedeutet eine Verringerung der Kosten an Rohstoffen.

schätzen. Die Benutzung des Kochgases hat sich z. B. in Remscheid selbst in der Zeit, wo es für 9 Pf. das Kubikmeter abgegeben wurde, in den eigentlichen Arbeiterkreisen nicht eingebürgert. Auf 9 Pf. belaufen sich heute etwa die eigenen Kosten der Erzeugung eines Kubikmeters Gases. Der kleine Mann kann aber immer noch billiger mit Kohlen feuern. Den Herd erspart er ja nicht, wenn er mit Gas kocht, da er im Winter gleichzeitig die Wohnung heizt. Auch die Arbeitsersparnis spielt für ihn keine Rolle, da die Frauenarbeit in Remscheid wenig verlangt wird; Frau und Töchter des Arbeiters sind es so wenig gewohnt, zur Arbeit außer dem Hause zu gehen, daß die wenigen Fabrikanten, die nach Frauenarbeit verlangen, sich künstlich von auswärts Frauen heranziehen. Dagegen ist ein billiges Kochgas für den Mittelstand aller Grade sehr wünschenswert und da Remscheid noch einen sehr lebenskräftigen, zahlreichen Mittelstand besitzt, so ist ein niedriger Kochgaspreis hier immer zu erstreben und erstrebt worden. Dennoch ist die verhältnismäßig größte Zunahme des Gasverbrauches eingetreten infolge der Einführung des Einheitspreises von 13 Pf. (vorher Leuchtgas 16 Pf., Kochgas 11 Pf.). Wenn diese Zunahme auch zum größeren Teile auf das Leuchtgas entfällt, so ist doch das Kochgas daran ebenfalls nicht unerheblich beteiligt. Es findet das seinen Grund in der mit dem Einheitspreise verbundenen Vereinfachung und Verbilligung der Einrichtung. Man könnte m. E. den Versuch wagen, die Zuleitungen in den Mietshäusern bis in die einzelnen Stockwerke und Wohnungen auf Kosten des Gaswerkes legen zu lassen, und würde auf diese Weise selbst dann eine erhebliche Zunahme des Verbrauches erzielen, wenn dafür der Gaspreis erhöht werden müßte. In der Tat beabsichtigt die Stadt Remscheid auf Kosten der Gasanstalt in die Arbeiterwohnungen Gasleitungen zu legen und dort Gasautomaten aufzustellen. Das dort entnommene Gas soll entsprechend den höheren Unkosten auch höher berechnet werden. Um den Verbrauch zu heben, kommt es vielmehr auf die Bequemlichkeit der Abnahme namentlich für die zur Miete wohnende Bevölkerung als auf einen niedrigen Preis an. Es wird aller Wahrscheinlichkeit nach immer teurer bleiben, wenn man die Kohlen erst vergast und dann damit feuert, als wenn man mit den Kohlen unmittelbar heizt, und ebenso sicher dürfte es sein, daß das Leuchtgas niemals das Petroleum im Preise unterbieten kann; beides gilt um so mehr, als der Kohlenherd und die Petroleumlampe in neuerer Zeit eine große Vervollkommnung erfahren haben. Insofern ist das Gas in der Hauswirtschaft ein Luxus, und nur seine außerordentliche Verbreitung läßt uns manchmal diese seine Eigenschaft vergessen. Damit scheint uns denn aber auch die Berechtigung der Gemeinde klargestellt zu sein, aus der Gasabgabe zu hauswirtschaftlichen Zwecken einen angemessenen Gewinn zu erzielen. Drückend kann dieser Gewinnanteil im Gaspreise auf die Verbraucher niemals wirken, da sie jederzeit die Möglichkeit haben, zur Kohlenfeuerung und zum Petroleumlicht zurückzukehren. Die Preisfestsetzung bei den städtischen Gasanstalten kann also ruhig nach vernünftigen kaufmännischen Grundsätzen erfolgen; jede Herabsetzung des Preises muß möglichst eine solche Zunahme des Verbrauches erhoffen lassen, daß der Gewinnausfall dadurch ausgeglichen wird; jede Heraufsetzung darf keine solche Abnahme des Verbrauches befürchten lassen, daß der höhere Gewinn dadurch wieder verloren geht. Nach diesen Grundsätzen hat man wie bei den meisten deutschen Gasanstalten so auch in Remscheid seit langem verfahren.

Viel bedeutender ist der Verbrauch des Gases für gewerbliche Zwecke. Hierher hat man in diesem Zusammenhange nicht nur das Kraftgas zu rechnen, sondern auch das Leuchtgas, insofern es zur Beleuchtung von Läden und gewerblichen Betriebsstätten dient.

Der Preis des Gases für Beleuchtung von Läden und Betriebsstätten wird in den Gemeinden vielfach erörtert. Die Abnahme von Gas zu den genannten Zwecken ist auch die verhältnismäßig bedeutendste. Die Verbraucher betreiben durch ihre Interessenvertretungen eifrig eine Herabsetzung des Leuchtgaspreises. Sie sind es, die am meisten gegen die von den Städten aus ihren Gasanstalten gezogenen Überschüsse eifern. Die von ihnen aufgestellte Berechnung, daß um die Überschüsse der Gaswerke die Gesamtheit der Steuerträger entlastet und die wenigen Gewerbetreibenden belastet würden, ist an sich ebenso unanfechtbar, wie der Hinweis darauf, daß der Kaufmann jene Überschüsse auf den Preis seiner Waren ohne Unterschied, ob sie von leistungsfähigen oder leistungsschwachen Verbrauchern gekauft würden, schlagen müsse. Meist wird auch noch auf den alten, für die Erhebung von Gebühren geltenden Grundsatz Bezug genommen, daß stets die von der Gemeinde geforderte Gegenleistung ihrer eigenen Leistung an Wert möglichst nahe bleiben solle. Abgesehen davon, daß diese Wertvergleichung lediglich eine Sache der Zungenfertigkeit ist, ist die Grundfrage doch zunächst die: Gehört es zu den eigentlichen Aufgaben der Gemeinden, für Leuchtgas zu jenen gewerblichen Zwecken zu sorgen? Diese Frage ist zweifellos zu verneinen. Nur deshalb, weil die Gemeinden das Monopol, das sie tatsächlich besitzen, keiner Erwerbsgesellschaft überlassen, sondern selbst benutzen wollen, kann man von ihnen verlangen, daß sie alle die Bedürfnisse sachgemäß befriedigen, die infolge ihrer Monopolstellung sonst unbefriedigt bleiben würden. Keineswegs haben die Gewerbetreibenden einen Anspruch darauf, daß ihnen die Gemeinde den Unternehmergewinn erspart, den ein privater Unternehmer einer Gasanstalt berechtigter Weise fordern kann. Das um so weniger, als die Monopolstellung der Gemeinden gerade in dieser Beziehung keine vollkommene ist. Im Gegenteil haben die städtischen Gaswerke zunächst mit dem allgemeinen Wettbewerb des elektrischen Lichtes schon heute stark und in Zukunft sicher noch mehr zu rechnen; sodann kommen mit dem Wachsen der einzelnen gewerblichen Betriebe diese selbst immer häufiger in die Lage, ihr Licht selbst zu erzeugen. So war beim Gaswerk in Remscheid im Geschäftsjahr 1907 ein Ausfall an Roheinnahme von etwa 30 000 Mk. allein damit verbunden, daß eine einzige Fabrik dazu überging, selbsterzeugtes elektrisches Licht zu verwenden. Es ist nicht zu verkennen, daß dieser doppelte Wettbewerb für die städtischen Gasanstalten die Gefahr einer zukünftigen starken Entwertung ihrer Anlagen in sich birgt. Die städtischen Gasanstalten befinden sich also hier durchaus mitten im wirtschaftlichen Kampf und im Strom der wirtschaftlichen Entwicklung; sie würden leichtsinnig mit dem Gelde der Gesamtheit verfahren, wollten sie nicht auf einen angemessenen Gewinn sehen; ferner zeigt die oben mitgeteilte Übersicht (Anlage G), daß die Selbstkosten starken Schwankungen unterliegen. So stiegen die Kosten an Rohstoffen und Löhnen nach Abzug des Erlöses für die Nebenerzeugnisse vom Jahre 1900 bis 1902 von 3,26 Pf. auf 4,64 Pf. für den Kubikmeter verkauften Gases. Das machte für das Jahr 1902 ein Mehr an Ausgaben von reichlich 40 000 Mk. aus. Die Gefahr solcher Schwankungen verlangt, daß eine gewisse Spannung zwischen den gewöhnlichen Selbstkosten und dem Verkaufspreise besteht. Somit gilt es, auch für das gewerbliche Leuchtgas die Preise nach vernünftigen kaufmännischen Grundsätzen festzusetzen.

Der sozialpolitische Gesichtspunkt, daß man durch hohe Leuchtgaspreise die Warenpreise steigere, vermag, seine Richtigkeit vorausgesetzt, jenen Erwägungen gegenüber nicht durchzugreifen. In Remscheid hat z. B. die letzte Ermäßigung des Leuchtgaspreises im wesentlichen die Folge gehabt, daß die Ladenbesitzer die Beleuchtung ihrer Läden entsprechend und darüber hinaus verstärkt haben. Eine Ersparnis ist jedenfalls nicht eingetreten. Daß die blendenden Ladenfenster aber stets einen Vorteil für die kaufende Bevölkerung bedeuten, ist keineswegs sicher.

Ganz andere Gesichtspunkte kommen in Betracht für die Festsetzung des Preises für Kraftgas. Es ist schon mehrfach hervorgehoben, daß die Remscheider Eiseninduſtrie einer verhältnismäßig großen Zahl kleiner und mittlerer Gewerbetreibenden Leben und Emporkommen ermöglicht. Das wird man im Rahmen unſerer heutigen Wirtſchaftsordnung ſtets als einen großen Vorzug betrachten und eine Gemeinde, die dieſen gewerblichen Mittelſtand wirkſam unterſtützt, kann das als einen ſozialpolitiſchen Erfolg für ſich in Anſpruch nehmen. Der gewerbliche Mittelſtand bedarf aber in erſter Linie einer Triebkraft, die auch im kleinen billig arbeitet. Urſprünglich waren das die Waſſerkräfte in den Tälern; ſie haben aber den Nachteil, daß ſie in trockenen Zeiten verſagen, während der Fabrikant ſeine Arbeit nicht mehr wie früher auf das Jahr beliebig verteilen kann, weil heutzutage die Lieferfriſten immer kürzer und beſtimmter werden; ſo müßten die Waſſerkraftbeſitzer meiſt noch eine zweite Triebkraft zur Verfügung halten, eine Maßnahme, die ſtets koſtſpielig erſcheinen muß. Die Dampfmaſchine iſt in den kleineren Betrieben gerade nicht wirtſchaftlich, weil ſelbſt an einem Tage nicht fortgeſetzt Arbeit für ſie vorhanden iſt; ſie ohne Arbeit unter Feuer zu halten, oder ſie jedesmal bei Bedarf neu anzuheizen, würde jeden Nutzen verſchlingen. Da ſind es denn die Gas- und Elektromotoren, die allen Anſprüchen genügen. Die verhältnismäßig geringen Anſchaffungskoſten erleichtern die Anlage und machen den Verluſt des zeitweiſen Ruhens erträglich. Die Motore ſind jederzeit betriebsfertig und verbrauchen keine Werte nutzlos, wenn ſie außer Betrieb geſetzt ſind.

Am 31. März 1907 waren in Remſcheid

251 Elektromotore mit 1448 PS. und
208 Gasmotore mit   808 PS.

in Betrieb. Von den Gasmotoren entfielen 132 mit 604 PS. auf die Kleineiſeninduſtrie.

Aus den dargelegten ſozial- und wirtſchaftspolitiſchen Rückſichten gibt das ſtädtiſche Gaswerk in Remſcheid das Kraftgas für jene gewerblichen Betriebe weſentlich billiger ab, als es ein rein kaufmänniſch geleitetes Unternehmen vermöchte. Wie aus der Überſicht (Anlage F) hervorgeht, deckt der Preis von 10 Pf. etwa die rohen Erzeugungskoſten. Nicht ganz 1 Pf. vom Kubikmeter fließt als Gewinn in die Stadtkaſſe, aber auch das iſt erſt der Fall, ſeitdem, wie oben gezeigt iſt, die Überſchüſſe vollkommen und in einer Weiſe dem Gaswerk entnommen werden, wie es kein privater Unternehmer auf die Dauer zu tun vermöchte.

Im allgemeinen zeigt die Entwicklung des Gaspreiſes in Remſcheid das übliche Bild: zunächſt ſind es die techniſchen Fortſchritte in dem Mengenverhältnis von Vergaſungsſtoff (Kohle) und Erzeugnis (Gas), die

Die Gemeindebetriebe der Stadt Remscheid. 23

eine Ermäßigung des Preises möglich machen, eine Zunahme des Verbrauches zur Folge haben und so bald eine weitere Preisherabsetzung gestatten. Später ist es die immer sich bessernde Verwertung der Nebenerzeugnisse. Diese technischen Vorteile waren fast stets derart, daß die fortgesetzte erhebliche Steigerung der Rohstoffpreise überwunden werden konnte. Nur die plötzliche um das Jahr 1890 eintretende Steigerung des Kohlenpreises machte vorübergehend eine Erhöhung des Gaspreises erforderlich. Trotzdem die Preisbildung, wie oben dargelegt, im wesentlichen kaufmännischen Grundsätzen folgte, hat der Gasverbrauch auf den Kopf der Bevölkerung stetig und ruhig zugenommen; er betrug:

im Jahre 1865 : 13,9 cbm,	im Jahre 1893 : 46,6 cbm.
" " (1870) : (13,9) "	" " 1894 : 44,4 "
" " 1871 : 16,2 "	" " 1895 : 45,9 "
" " 1880 : 19,2 "	" " 1896 : 53,1 "
" " 1881 : 21,1 "	" " 1897 : 52,4 "
" " 1882 : 23,8 "	" " 1898 : 59,0 "
" " 1883 : 25,3 "	" " 1899 : 49,5 "
" " 1884 : 29,5 "	" " 1900 : 51,8 "
" " 1885 : 30,1 "	" " 1901 : 51,9 "
" " 1886 : 30,7 "	" " 1902 : 56,2 "
" " 1887 : 32,2 "	" " 1903 : 58,5 "
" " 1888 : 34,3 "	" " 1904 : 54,2 "
" " 1889 : 39,7 "	" " 1905 : 57,6 "
" " 1890 : 43,4 "	" " 1906 : 59,0 "
" " 1891 : 44,3 "	" " 1907 : 61,3 "
" " 1892 : 45,9 "	

Diese Übersicht zeigt, daß jede Preisherabsetzung auch eine erhebliche Zunahme des Verbrauches zur Folge hatte; die einzige Preiserhöhung im Jahre 1890 ist sogar von einer erheblichen Steigerung in der Gasabnahme begleitet gewesen. Der Rückgang des Verbrauches im Jahre 1899 hat offenbar mit dem Gaspreise nichts zu tun und ist auch nur ein scheinbarer; er erklärt sich daraus, daß in den fraglichen Jahren der Beleuchtungsbezirk eine rasche Vergrößerung erfuhr und es sich dabei im wesentlichen auch um Arbeiterwohnviertel handelte, in denen gleichzeitig die Bevölkerung infolge der damaligen wirtschaftlichen Entwicklung sehr schnell zunahm. Der absolute Gasverbrauch ist auch in den fraglichen Jahren regelmäßig gestiegen.

Vergleicht man den Gaspreis mit dem anderer Städte, so muß man im Auge behalten, daß Remscheid zwar im Industriebezirk, aber nicht im Kohlenrevier liegt, daß also die Kohlen mit erheblichen Frachten belastet werden. Ferner verteuert das bergige Gelände den Betrieb, insofern als besondere Maßnahmen zur Druckregelung mehr wie anderswo nötig sind. Endlich verhindert die zerstreute Bauweise der Stadt ein volles Ausnutzen der Rohrstrecken. Berücksichtigt man dies alles, so wird man den Gaspreis, der durch keine Gasuhrenmiete verteuert wird, einen recht mäßigen nennen müssen.

II. Das Wasserwerk.

1. Geschichtliches.

Die Wasserversorgung Remscheids weist eine Entwicklung auf, die in Deutschland vorbildlich gewesen ist. Sie kennzeichnet die Schwierigkeiten, mit denen die Industrie unter Umständen zu kämpfen hat, und die nur durch ein tatkräftiges, opferbereites Vorgehen der Gemeinde bewältigt werden können. Von 16 250 000 Mk. im Laufe der Jahre bis zum 31. März 1908 von Remscheid aufgenommenen Anleihen waren 4 138 000 Mk. für Zwecke des Wasserwerkes bestimmt. Inzwischen ist die Summe aber bereits auf 7 570 000 Mk. angewachsen. Ungetilgt sind hiervon noch 6 518 000 Mk.

Bis zum Jahre 1884 versorgte in Remscheid sich jeder Bürger selbst mit Wasser aus eigenen Brunnen. Unter gewöhnlichen Umständen hätte dieser Zustand noch auf Jahre hinaus genügen können, denn die damals vorhandenen 33 000 Einwohner besiedelten das ausgedehnte Stadtgebiet nur so dünn, daß weder in gesundheitlicher Beziehung etwas dagegen einzuwenden, noch in einer Gegend von mittlerem Wasserreichtum Wassermangel zu befürchten gewesen wäre. Aber, obwohl Remscheid zu den regenreichsten Gebieten Deutschlands gehört, hatte es doch damals bereits empfindlich mit Wassermangel zu kämpfen. Der Boden enthält nur sehr geringe wasserführende Schichten. Der überall dicht unter der Oberfläche lagernde Felsen nimmt kein Wasser auf. So kommt es, daß das überreichlich fallende Regenwasser außerordentlich rasch zu Tal stürzt und nur Schaden stiftet. So konnte es sich ereignen, daß in trockenen Zeiten eine Kanne Wasser in Remscheid 5 Pf. kostete, daß die Fabrikanten das Wasser für ihre Kessel mit Fässern aus den Tälern heraufholen mußten usw.

Die Erkenntnis, daß für eine Gemeinde, in der solche Zustände herrschen, jede gewerbliche Weiterentwicklung ausgeschlossen ist, führte zunächst zum Bau einer Grundwassergewinnungsanlage in einem benachbarten Tale.

Es ist von Bedeutung, hier zu erwähnen, daß die Mittel für die kostspieligen Vorarbeiten aus den Überschüssen der Gasanstalt bewilligt werden konnten, ohne daß sich der der Stadtkasse zugeführte Reingewinn dadurch gegen die Vorjahre verringerte. So haben diese Überschüsse die Inangriffnahme der Wasserversorgung wenn nicht überhaupt erst ermöglicht, so doch jedenfalls erheblich erleichtert. Der Mehrheit in der Gemeindevertretung erschien der Versuch, das Wasser am äußersten, tiefgelegenen Punkte des Stadtgebietes zu gewinnen und es bis zu 180 m hoch zu pumpen, um es dann über ein so ausgedehntes, gebirgiges, dünn besiedeltes Versorgungsgebiet zu verteilen, so aussichtslos, daß sie aus Steuern wohl kaum je die Mittel für jene Vorarbeiten bewilligt haben würde. Es bestätigt sich hier eben wie beim einzelnen Menschen so auch bei der Gemeinde die Erfahrung, daß die hohen Überschüsse eines gutgehenden gewerblichen Betriebes viel weitherziger verwaltet werden als wie die Steuereinkünfte. So haben gerade in den schwer belasteten Industriegemeinden die Überschüsse der Eigenbetriebe erst zu manchem Fortschritt ermutigt. Diese Seite der Sache verdient ebenfalls der Beachtung, wenn man die sozialpolitische Berechtigung der aus Gemeindebetrieben gewonnenen Überschüsse prüfen will.

Die Grundwassergewinnungsanlage, die mit einem Kostenaufwand von 667 000 Mk. erbaut wurde und in regelmäßigen Zeiten täglich 1000—1200 cbm Wasser lieferte, zeigte sich schon nach 3 Jahren als unzureichend. Das Werk hatte aber jedenfalls den Erfolg gehabt, mit einem Schlage alle Schwierigkeiten der Wasserversorgung zu beseitigen, und die meisten Gegner zu überzeugen. Nunmehr konnte ein Werk geschaffen werden, das bis heute von vielen deutschen Städten nachgeahmt worden ist: Professor Intze baute für die Stadt Remscheid die erste Talsperre in Preußen; gleichzeitig die erste Trinkwassertalsperre in Deutschland überhaupt. Die Entwicklung, die die Stadt Remscheid seitdem genommen hat, und die im wesentlichen eine Entwicklung ihrer Industrie bedeutet, beruht auf der einwandfreien, grundsätzlichen Lösung, die die Frage der Wasserversorgung für Städte der geographischen Lage wie Remscheid durch den Talsperrenbau gefunden hat.

Die Talsperrenanlage erforderte 2 230 000 Mk. und ist imstande $1^{1}/_{2}$ bis 2 Millionen cbm Wasser im Jahre zu liefern. Heute wird diese Leistungsfähigkeit aber bereits wieder infolge der raschen Bevölkerungszunahme und infolge des durch Anlage der Kanalisation bedingten höheren Wasserverbrauchs bis aufs äußerste angespannt.

Die Stadt entschloß sich daher zum Bau einer zweiten Talsperre mit einer Leistungsfähigkeit von etwa 6 Millionen cbm Wasser im Jahre. Während die erste Talsperre unmittelbar am Rande des Stadtgebietes liegt, mußte die neue Talsperre 15 km von der Stadt entfernt erbaut und für die Herschaffung des Wassers eine mehrere Bergrücken durchschneidende, in Stollen durch die Felsen getriebene Leitung angelegt werden. Die Kosten des Baues betragen etwa 5 000 000 Mk. Die Anlage ist Anfang des Jahres 1909 in Betrieb genommen und verspricht bei fortgesetzt gleicher Zunahme des Wasserverbrauches bis zum Jahre 1945 zu reichen. Bis dahin wird das überschüssige Wasser zu Kraftzwecken verwandt.

2. Das Wasserwerk als städtisches gewerbliches Unternehmen.

Das Wasserwerk wird nach denselben Grundsätzen wirtschaftlich verwaltet, wie die Gasanstalt; es genügt daher hier auf die Darlegungen unter I, 1 S. 5—7 zu verweisen. Es ist jedoch von Bedeutung, für das Wasserwerk ebenfalls die Umrechnung vorzunehmen, wie sie oben S. 8 ff. für die Gasanstalt erfolgte[1]. Es wird daher in den Anlagen H—L wiederum zunächst die Betriebsrechnung (H), die Gewinn- und Verlustrechnung (J) und der Jahresabschluß (K) für das Haushaltsjahr 1907, so wie sie wirklich gelegt worden sind, nur in abgerundeten Zahlen mitgeteilt. Daran anschließend wird dann ein nach oben entwickelten Grundsätzen aufgestellter Abschluß (Anlage L) gezeigt. Dieser Abschluß ergibt einen Verlust von 736 000 Mk., während der Haushaltsplan für das Jahr 1907 außer 79 000 Mk. Zinsen für die noch ungetilgten Anleihen 10 000 Mk. für die Stadtkasse anforderte.

Weiter ist auch hier nach den oben S. 7 f. dargelegten Grundsätzen zu errechnen, wie sich das Wasserwerk während der ganzen Zeit seines Bestehens verzinst hat. Die dort als maßgebend bezeichneten Faktoren betragen für das Wasserwerk:

1. Die seit Bestehen des Betriebes an die Stadtkasse erfolgten Zahlungen:
   a) Zinsen . . . . 1 569 000 Mk.
   b) Überschüsse . . . . . 146 000 Mk.
      ab Zuschüsse . . . . 43 000 „
                                      bleibt: 103 000 Mk.

---

[1] Wünschenswert wäre es, wenn die Rechnungen möglichst vieler städtischer Eigenbetriebe nach dem hier gegebenen Muster umgerechnet würden. Damit erst würde die Möglichkeit einer vergleichenden Statistik gegeben sein.

2. die im Laufe der Zeit aus den Betriebsüberschüssen zu Neuanlagen verwandten Summen: 380 000 Mk.
                                                                                            2 052 000 Mk.

Von dieser Summe ist jedoch der oben ver-
rechnete Verlust . . . . . . 736 000 Mk.
nach Abzug der vorhandenen
Rücklagen . . . . . . 198 000 „
                                 abzuziehen mit   538 000 Mk.
                                 es bleiben also 1 514 000 Mk.

Diese Summe entspricht einer durchschnittlichen Verzinsung des jeweils angelegten Kapitals von reichlich 3 v. H.

Die aus den Betriebsüberschüssen zu Neuanlagen verwandten Summen (die sog. außerordentlichen Abschreibungen) betragen mit 380 000 Mk. nur etwa jährlich $^3/_4$ v. H. des jeweiligen Anlagekapitals. Erwägt man, daß die Höhe dieser außerordentlichen Abschreibungen maßgebend für die wirtschaftliche Beurteilung eines Gemeindebetriebes ist (vgl. oben S. 12), so muß jene Summe als recht niedrig erscheinen. Zu bemerken ist dabei allerdings, daß ein erheblicher Teil des Vermögens Grundbesitz, ein anderer Teil Bauten (wie die Sperrmauer) sind, bei denen man mit einer Entwertung nicht zu rechnen hat.

Auch beim Wasserwerk hat der Lehrsatz, daß alle Neuanlagen aus Anleihemitteln zu decken seien, seine Rolle gespielt. Und obwohl schon zum Zwecke der Verzinsung der Anleihen, wie der aufgemachte Abschluß (Anlage L) ergibt, Werte aus dem Stamm des Vermögens genommen werden mußten (bei dem durchschnittlichen Zinssatze von $3^3/_4$ v. H. betrug diese Entnahme jährlich $^3/_4$ v. H.), so sind dennoch „Gewinne" der Stadtkasse überwiesen. Und zwar hat man wie bei der Gasanstalt, so auch beim Wasserwerk zuerst im Jahre 1900 damit begonnen, die Gewinnanteile der Stadtkasse erheblich heraufzusetzen. Des Vergleiches halber wird hier auch für das Wasserwerk eine Übersicht über die Verwendung der Überschüsse seit 1897 mitgeteilt. (S. die Tabelle auf S. 33.)

Die Übersicht zeigt, daß schon im Jahre 1903 die Überweisung an die Stadtkasse zugunsten der Rücklage erheblich herabgesetzt worden ist, und daß seitdem stets nur 10 000 Mk. an die Stadtkasse abgeführt sind, gewissermaßen um den Grundsatz aufrecht zu erhalten, daß es sich um ein gewerbliches Unternehmen handle, das sich nicht nur selbst verzinse, sondern auch noch Überschüsse abwerfen solle.

Weiter ergibt die Übersicht, daß die zu Neuanlagen verwandten und die der Rücklage überwiesenen Summen seit 1900 in keinem Jahre

Anlage II.

Betriebsrechnung des Wasserwerkes für das Haushaltsjahr 1907.

Soll.	Mk.		Haben.	Mk.
Betriebsausgaben	6 400	Einnahme an Wasserzins		400 000
Arbeitslöhne	28 100	Pacht für die Talsperrenwirtschaft		6 900
Kohlen und Koks	39 700	Verschiedene kleinere Einnahmen		600
Verwaltungskosten	4 800			
Steuern, Abgaben, Versicherungen	2 700			
Ausbesserungen	25 100			
Maschinenbetriebskosten	5 700			
Gehälter	17 000			
Zinsen	79 100			
Nachlässe an Großverbraucher	5 100			
Kleinere, unvorhergesehene Ausgaben	500			
Gewinn- und Verlustrechnung	193 300			
	407 500			407 500

Anlage J.

Gewinn- und Verlustrechnung des Wasserwerkes für das Haushaltsjahr 1907.

Soll.

		Mk.
Verlust an nicht einziehbarem Wasserzins		100
Verwendung des Betriebsüberschusses.		
1. Planmäßige Abschreibungen:		
Wassergewinnungsanlage	14 v. H. = 14000 Mk.	
Rohrnetz	1/2 " = 4400 "	
Wassertürme und Reben-		
behälter	12 3/4 " = 1900 "	
Grundbesitz	1 " = 200 "	
Verpachtete Wirtschafts-		
gebäude	7 1/4 " = 500 "	
Maschinen-, Turbinen- u.		
Kesselhaus	4 " = 500 "	
Meisterwohnung	5 " = 200 "	
Maschinen, Turbinen und		
Kessel	8 " = 1000 "	
Talsperrenmauer	1 1/2 " = 500 "	
Berieselungsanlage	60 " = 1500 "	
Filteranlage	3 1/2 " = 1120 "	90 800
2. Außerordentliche Abschreibungen:		
Rohrnetz	3 1/2 v. H. = 24 600 Mk.	
Wassermesser	8 " = 4500 "	
Grundbesitz	1 " = 1100 "	
Maschinen und Kessel	2 " = 2800 "	
Wasserturm	3 " = 1000 "	34 000
3. etatsmäßiger Zuschuß an die Stadtkasse		10 000
4. Der Rücklage überwiesen		50 000
5. Der Rücklage für Unterstützungszwecke überwiesen		500
6. An die Wuppertalsperrengenossenschaft im voraus gezahlt		8 000
		193 400

Haben.

	Mk.
Gewinn auf der Betriebsrechnung	193 400
	193 400

Anlage K.

Jahresabschluß des Wasserwerkes am 31. März 1908.
(Wirklich gelegter Abschluß.)

Vermögen.		Mk.	Schulden.		Mk.
Grundbesitz:			Schulden bei der Stadtkasse:		
Buchwert am 1. April 1907 137 000 Mk.					
Neuankauf . . . . 1 100 " 138 100 Mk.			1. Anleihe von . . . . . . 500 000 Mk.		
Abschreibung 3 100 "		135 000	Getilgt bis 1. April 1908 333 200 "		166 800
Talsperrenmauer:			2. Anleihe von . . . . . . 21 000 Mk.		
Buchwert am 1. April 1907 . 345 000 Mk.			Getilgt bis 1. April 1908 13 100 "		7 900
Abschreibung 5 000 "		340 000	3. Anleihe von . . . . . . 725 000 Mk.		
Maschinen, Turbinen- und Kesselhaus . 156 000 Mk.			Getilgt bis 1. April 1908 237 300 "		487 700
Abschreibung 5 000 "		151 000	4. Anleihe von . . . . . . 343 300 Mk.		
Meisterwohnung:			Getilgt bis 1. April 1908 112 400 "		230 900
Buchwert am 1. April 1907 . 4 300 Mk.			5. Anleihe von . . . . . . 225 000 Mk.		
Abschreibung 200 "		4 100	Getilgt bis 1. April 1908 81 500 "		143 500
Wirtschaftsgebäude:			6. Anleihe von . . . . . . 207 000 Mk.		
Buchwert am 1. April 1907 . 69 000 Mk.			Getilgt bis 1. April 1908 69 400 "		137 600
Abschreibung 5 000 "		64 000	7. Anleihe von . . . . . . 250 000 Mk.		
Wassertürme u. Nebenbehälter 133 000 Mk.			Getilgt bis 1. April 1908 59 200 "		190 800
Neuanlagen . . . . 1 000 " 134 000 Mk.			8. Anleihe von . . . . . . 70 000 Mk.		
Abschreibung 20 000 "		114 000	Getilgt bis 1. April 1908 19 000 "		51 000
Maschinen, Kessel, Turbinen . 121 000 Mk.					
Neuanlagen . . . . 2 800 " 123 800 Mk.					
Abschreibung 12 800 "		111 000			

Die Gemeindebetriebe der Stadt Remscheid.

Wassergewinnungsanlage:					
Buchwert am 1. April 1907	114 000 Mk.		9. Anleihe von	11 000 Mk.	
Abschreibung	14 000 "	100 000	Getilgt bis 1. April 1908	4 800 "	6 200
Rohrnetz:			10. Anleihe von	568 000 Mk.	
Buchwert am 1. April 1907	689 000 Mk.		Getilgt bis 1. April 1908	26 500 "	541 500
Neuanlagen	24 600 "		11. Anleihe von	100 000 Mk.	
	713 600 Mk.		Getilgt bis 1. April 1908	1 500 "	98 500
Abschreibung	29 000 "	684 600	12. Anleihe von		2 400 000
Wassermesser:			Laufende Schulden		15 400
Buchwert am 1. April 1907	47 000 Mk.		Rücklagen		182 500
Neuanlagen	4 500 "		Rücklage für Unterstützungszwecke		1 500
	51 500 Mk.				
Abschreibung	4 500 "	47 000			
Berieselungsanlage:					
Buchwert am 1. April 1907	24 000 Mk.				
Abschreibung	15 000 "	9 000			
Filteranlage:					
Buchwert am 1. April 1907	313 900 Mk.				
Abschreibung	11 100 "	302 800			
Vorräte an Kohlen und Koks		9 000			
Ausstehende Forderungen		45 600			
Barbestand		8 300			
Rechnung: Bau einer zweiten Talsperre		2 536 400			
		4 661 800			4 661 800

Anlage L.

Jahresabschluß des Wasserwertes am 31. März 1908.
(Nach den S. 7 und 12 entwickelten Grundsätzen umgerechneter Abschluß.)

Vermögen.	Mk.	Schulden.	Mk.
Grundbesitz: Buchwert am 1. April 1907 137 000 Mk.		Von der Stadt eingeschossenes Anlagekapital (nach dem ursprünglichen, ungetilgten Betrage)	5 463 000
Neuankauf 1 100 "	138 100	Laufende Schulden	15 400
Talsperrenmauer: Buchwert am 1. April 1907	345 000	Rücklagen	132 500
Maschinen, Turbinen= und Kesselhaus	156 000	Rücklagen für Unterstützungszwecke	1 000
Meisterwohnung	4 300	zusammen	5 611 900
Wirtschaftsgebäude	69 000	Verlust	736 100
Wassertürme, Nebenbehälter: Buchwert am 1. April 1907 133 000 Mk.			
Neuanlagen 1 000 "	134 000		
Maschinen, Kessel, Turbinen: Buchwert am 1. April 1907 121 000 Mk.			
Neuanlagen 2 800 "	123 800		
Wassergewinnungsanlage	114 000		
Rohrnetz: Buchwert am 1. April 1907 689 000 Mk.			
Neuanlagen 24 600 "	713 600		
Wassermesser: Buchwert am 1. April 1907 47 000 Mk.			
Neuanlagen 4 500 "	51 500		
Berieselungsanlage	24 000		
Filteranlage	313 900		
Vorräte an Kohlen und Koks	9 000		
Ausstehende Forderungen	45 600		
Barbestand	97 600		
Rechnung: Bau einer zweiten Talsperre	2 536 400		
	4 875 800		4 875 800

Die Gemeindebetriebe der Stadt Remscheid.   33

Jahr	An Gemeindeeinkommensteuer wurden erhoben: v. H. der staatlich veranlagten Steuer	Der Überschuß b. Wasserwerkes nach Abzug von Zinsen und Tilgung der Anleihen betrug	Davon wurden zu Neuanlagen verwandt		Der Stadtkasse wurden überwiesen	In Rücklage gestellt	
				v. H. des jeweils angelegten Kapitals			v. H. des jeweils angelegten Kapitals
		Mk.	Mk.		Mk.	Mk.	
1897	160	42 000	41 000	2,2	—	1 000	0,05
1898	170	68 000	58 000	3	10 000	—	—
1899	190	72 000	62 000	3,33	10 000	—	—
1900	180	67 000	37 000	1,6	30 000	—	1,3
1901	175	37 000	7 000	0,3	30 000	—	1,3
1902	180	15 000	—	0	20 000	—	0
1903	230	53 000	—	0	16 000	32 000	1,33
1904	230	60 000	2 000	0,07	10 000	48 000	1,6
1905	230	70 000	12 000	0,4	10 000	48 000	1,6
1906	230	104 000	33 000	1	10 000	61 000	2
1907	230	102 000	34 000	0,6	10 000	58 000	1

3 v. H. des Anlagekapitals überstiegen, obwohl es sich um günstige Geschäftsjahre handelte. Dabei bietet das Wasserwerk ein treffendes Beispiel zu dem oben S. 16 für eine Gasanstalt geschilderten Musterfall. In dem Abschlusse für das Jahr 1907 steht die alte Grundwassergewinnungsanlage noch mit 114 000 Mk. zu Buche. Bis dahin kam diese Anlage auch noch in Betracht für den Notfall, daß die Talsperre bei großer, anhaltender Trockenheit einmal versagte. Nachdem nunmehr jedoch die zweite Talsperre in Betrieb gesetzt ist, und die Stadt für die nächsten 30 Jahre Wasser im Überfluß hat, hat jene Anlage keinen Wert mehr. Denn nach 30 Jahren wird sie nicht einmal mehr für den Notfall in Betracht kommen, weil inzwischen die Bebauung der Stadt bis an das Brunnengebiet herangewachsen sein wird, so daß sich die Benutzung des Grundwassers aus gesundheitlichen Rücksichten verbietet. Dem Buchwert von 114 000 Mk. steht also keine werbende Anlage gegenüber; und doch muß er noch 15 Jahre verzinst und getilgt werden, ehe er aus den Büchern verschwindet.

Trotz aller dieser Bedenken, die man gegen die Art der Wirtschaft vom Standpunkt des ordentlichen Kaufmannes aus geltend machen kann, wird man von einer Gemeinde nichts anderes verlangen wollen. Es geht aus den oben unter 1 gemachten Mitteilungen hervor, daß das jetzige Wasserwerk in der Lage sein wird, den Bedarf zu decken, wie er bei fortwährender, gleichmäßiger Bevölkerungszunahme im Jahre 1945 vorhanden sein wird; es wird also noch genügen, wenn die Bevölkerung von 70 000 auf 140 000 Seelen angewachsen ist. Dann wird das

Werk auch bei gleichem Wasserpreis ganz gewaltige Überschüsse abwerfen. Nun kann aber eine Gemeinde wie Remscheid, deren Bürger so hohe Steuern zu tragen haben, es nicht als ihre Aufgabe betrachten, Vermögen für kommende Zeiten anzusammeln. Das würde aber geschehen, wenn das Wasserwerk nach streng kaufmännischen Grundsätzen wirtschaften wollte. Eine im Sinne einer privaten Unternehmung vollkommen gesunde Wirtschaft würde überhaupt nur möglich sein bei einer erheblichen Erhöhung des Wasserpreises; dann würde das Wasserwerk aber aufhören, eine Gemeindeanstalt zu sein.

3. Das Wasserwerk als Gemeindeanstalt.

Auch hier ist es, wie bei der Gasanstalt, wertlos, zu erörtern, ob es geraten ist, das Wasserwerk als Gemeindeanstalt zu betreiben. Auch diese Aufgabe wird sich heute keine deutsche Gemeinde abnehmen lassen, wenn dafür nicht örtliche, ganz besonders dringende Gründe vorliegen.

Die wirtschafts- und sozialpolitischen Grundsätze, nach denen ein Wasserwerk als Gemeindeanstalt zu verwalten ist, sind einfache.

In erster Linie ist das Wasser ein Massenverbrauchsgegenstand in der Hauswirtschaft; es ist zweifellos das Ziel anzustreben, jedem Einwohner nicht nur gutes, sondern auch so billiges Wasser zur Verfügung zu stellen, daß er sich keine verkehrte Sparsamkeit im Verbrauche auferlegt. Man weicht gewissermaßen diesem Ziele aus, wenn man, wie das noch heute in einigen Städten geschieht, einen Wasserzins nach irgend einem anderen Merkmal als dem der verbrauchten Menge, z. B. nach der Größe der Wohnung, erhebt. Das wird sehr bald eine derartige Verschwendung von Wasser zur Folge haben, daß es notwendig wird, den Wasserzins recht hoch zu bemessen. Nur wenn es eine Gemeinde geben sollte, der unbeschränkte Wassermengen zur Verfügung stehen und wo gleichzeitig dieses Wasser mit natürlichem Druck in die Wohnung gelangt, wäre es möglich, eine derartige Bemessung des Wasserzinses durchzuführen. In Remscheid besteht kein Überfluß an Wasser; zudem betragen die Kosten, um einen Kubikmeter Wasser in die Stadt zu pumpen, bereits $4^{1}/_{2}$ Pfennig; für jedes Kubikmeter Wasser, das der zweiten Talsperre entnommen wird, muß an eine Wassergenossenschaft eine Abgabe entrichtet werden. Das Wasser ist daher in Remscheid stets nach Wassermessern abgegeben worden. Die hier geltende Preisliste wird in der Anlage M mitgeteilt.

Anlage M.

Wasserpreisliste.

I. Die ersten monatlich entnommenen sechs Kubikmeter sind je nach Größe des Wassermessers zu bezahlen und zwar sind bei einem Wassermesser

Von Millimeter Durchgangsweite	für die ersten sechs Kubikmeter zu entrichten	Solcher Messer waren am 31. März 1908 im Gebrauch
125	10,50 Mk.	4
100	10,50 "	1
80	7,50 "	13
50	5,50 "	31
30	5,00 "	12
25	4,50 "	88
20	3,50 "	1 922

Der letzte Satz von 3,50 Mk. wird ermäßigt auf 2,50 Mk. bei Häusern, deren Wohnräume eine Bodenfläche von 100 qm nicht ausmachen, und bei Häusern, die ausschließlich von Arbeiterfamilien bewohnt werden.

Diese sechs Kubikmeter müssen stets bezahlt werden. Für Nebengebäude, die nur von einer Familie bewohnt werden und deren Wohnräume eine Bodenfläche von 50 qm nicht erreichen, beträgt der monatliche Mindestverbrauch nur 3 cbm, wofür 1,50 Mk. zu zahlen sind.

Die ermäßigten Sätze kamen am 31. März 1908 auf 2 491 Anschlüsse zur Anwendung.

Die Größe des Wassermessers wird einseitig durch die Wasserwerksverwaltung festgesetzt.

II. Das über den Mindestverbrauch entnommene Wasser ist zu bezahlen mit
0,30 Mk. für den Kubikmeter, wenn es für hauswirtschaftliche Zwecke,
0,20 „ „ „ „ „ „ „ gewerbliche Zwecke entnommen wird.

III. Große Verbraucher gewerblichen Wassers genießen Nachlässe, wenn sie sich verpflichten, bestimmte Mengen im Monat abzunehmen. Diese Mengen werden dann berechnet wie folgt:

Die ersten über den Mindestverbrauch (I) im Jahre abgenommenen
              2 000 cbm mit 20 Pf.,
die nächsten 2 000 „ „ 19 „
die folgenden 4 000 „ „ 18 „
„ „ 4 000 „ „ 17 „
„ „ 12 000 „ „ 16 „
alle weiteren Mengen mit 15 Pf. für den Kubikmeter.

Jedoch müssen die angemeldeten Mengen stets bezahlt werden; Mehrverbrauch wird wieder mit 20 Pf. für den Kubikmeter berechnet.

Die Preisliste verbindet eine große Reihe von Vorzügen miteinander. Zunächst enthält sie in dem Wasserpreis für den Mindestverbrauch einen ausreichenden Entgelt für den vom Wasserwerk gestellten Messer. Gleichzeitig ist aber der Preis für die ersten sechs Kubikmeter wesentlich höher als das mehrverbrauchte Wasser. Dadurch wird erreicht, daß durchweg für ein Haus nur ein Wassermesser verlangt wird, womit eine große Vereinfachung des Betriebes verbunden ist: das Werk hat es stets, auch bei großen Mietshäusern, nur mit einem Abnehmer, und zwar mit dem meist zahlungsfähigeren Eigentümer, nicht mit den Mietern zu tun. Damit nimmt die Preisliste zugleich weitgehende Rücksicht auf die Leistungsfähigkeit der Abnehmer: der Eigentümer und alleinige Bewohner einer Villa muß die ersten sechs Kubikmeter Wasser ebenso teuer bezahlen, wie der Eigentümer eines Hauses, das von sechs kleinen Beamtenfamilien bewohnt wird. In Wirklichkeit zahlen ja die Mieter das Wassergeld; aber im letzten Beispiel brauchen sie dann jeder nur ein Kubikmeter zu dem höheren Preise zu bezahlen. Da ferner die Wasserwerksleitung die Größe des Wassermessers nach der Größe des bebauten Grundstückes und der bewohnbaren Räume auswählt, so wird der Luxusverbrauch in großen Privathäusern, in Ziergärten usw. in wirksamer Weise stärker herangezogen werden, als der notwendige Verbrauch des einfachen Mannes. Die geringe Leistungsfähigkeit der Arbeiterbevölkerung wird, wie die Preisliste zeigt, noch ganz besonders berücksichtigt. Endlich verhindert die Preisliste eine übergroße, kulturwidrige Sparsamkeit im Wasserverbrauch. So kommt man in Remscheid jenem oben gekennzeichneten Ziele so nahe als möglich. Freilich ist der Wasserpreis an sich ein recht hoher. Und wenn man diesen Preis mit der in der Anlage N mitgeteilten Selbstkostenberechnung vergleicht, so muß der erhebliche Unterschied zwischen Wasserpreis und Selbstkosten auffällig erscheinen. Aus der Preisliste erkennt man weiter, daß das gewerbliche Wasser im Preise eine ganz erhebliche Vergünstigung genießt und daß dadurch die Durchschnittseinnahme für den Kubikmeter Wasser tief unter den Preis für hauswirtschaftliches Wasser herabsinkt.

Dieser Unterschied im Preise, je nachdem das Wasser zu hauswirtschaftlichen oder gewerblichen Zwecken gebraucht wird, rechtfertigt sich aus folgenden Gründen: Die in der Anlage N mitgeteilte Selbstkostenberechnung beruht auf der Annahme, daß von allen einzelnen Ausgabeposten auf jeden einzelnen Kubikmeter ein gleicher Anteil entfällt. Diese

Anlage N.
Selbstkostenberechnung des im Betriebsjahre 1907 geförderten Wassers.

Ausgaben an	Im ganzen	Auf den Kubikmeter
	Mk.	Pf.
Verzinsung und Abschreibung (Tilgung)	203 927	11,42
Kohlen, Koks, Schmieröl, Putzwolle und ähnliches	51 861	2,91
Gehältern, Löhnen, Verwaltungskosten	50 350	2,82
Steuern	2 657	0,15
Ausbesserungen	25 069	1,40
Abgabe an eine Wassergenossenschaft	8 000	0,45
Rücklagen	50 500	2,83
Stadtkasse (Überschuß)	10 000	0,56
zusammen	402 364	22,54
Einnahmen an		
Wassergeld	394 894	22,12
Pacht usw.	7 470	0,42
zusammen	402 364	22,54

Annahme ist jedoch geeignet, bei Beurteilung der hier vorliegenden Frage irre zu führen. Wie der oben S. 30 f. mitgeteilte Jahresabschluß ergibt, standen am 31. März 1908 Rohrnetz, Wassertürme und Filteranlage mit zusammen 1 200 000 Mk. zu Buche; auf diese Buchwerte entfielen von den in der Selbstkostenberechnung aufgeführten Zinsen, Tilgung und Abschreibung etwa 100 000 Mk. oder auf den Kubikmeter Wasser 5 Pfg. Nun ist die Filteranlage für das gewerbliche Wasser vollkommen überflüssig. Die Kosten von Rohrnetz und Wassertürmen müßten aber richtigerweise nicht auf den Kubikmeter Wasser, sondern auf den einzelnen Anschluß verteilt werden; so daß, da aus den Wasseranschlüssen für gewerbliche Zwecke verhältnismäßig unendlich viel mehr Wasser entnommen wird, bei dieser Art der Verteilung auf den Kubikmeter gewerblichen Nutzwassers ein verschwindend geringer Teil jener Kosten entfallen würde. Das ergibt sich ohne weiteres aus folgenden Zahlen: im Betriebsjahre 1907 wurde an Wasser

zu hauswirtschaftlichen Zwecken 281 927 cbm,
zu gewerblichen Zwecken . . 701 890 „

abgegeben, während in derselben Zeit

die hauswirtschaftlichen Anschlüsse 4344,
die gewerblichen Anschlüsse . . 554

betrugen. Ebenso ließe es sich nachweisen, daß an den durch Ausbesserungen, Löhne, Gehälter und Verwaltungskosten entstandenen Unkosten der Kubikmeter hauswirtschaftlichen Wassers viel stärker beteiligt ist, als der Kubikmeter gewerblichen Wassers. Endlich sind auch außer der Filteranlage gerade bei der Wasserversorgung durch Talsperren zahlreiche kostspielige Maßnahmen nur deshalb erforderlich, weil das Wasser auch zu hauswirtschaftlichen Zwecken benutzt wird. Berücksichtigt man das alles und wollte man danach den Selbstkostenpreis des gewerblichen Wassers besonders berechnen, so würde man einen Preis von erst annähernd 15 Pfennigen erhalten.

Immerhin könnte man es für sozialpolitisch richtiger halten, zwischen gewerblichem und hauswirtschaftlichem Wasser nicht zu unterscheiden, so daß also die als leistungsfähiger angenommene Industrie das Wasser für hauswirtschaftliche Zwecke verbilligte. Dem stehen jedoch gewichtige wirtschaftspolitische Bedenken entgegen. Es ist schon mehrfach darauf hingewiesen, daß die Remscheider Industrie sich nur aus ganz besonderen Gründen trotz des Mangels an jeglichen Rohstoffen zu halten vermag. Auch das Wasser ist in der Eisenindustrie ein wichtiger Rohstoff. Der Wasserverbrauch einzelner größerer Werke ist so erheblich, daß sie dazu übergegangen sind, eigene kostspielige Wassergewinnungsanlagen einzurichten, so daß sie nur in trockenen Zeiten Wasser aus dem städtischen Werk zu entnehmen brauchen. Natürlich würde das nicht geschehen, wenn dadurch nicht nennenswerte Ersparnisse zu erzielen wären. Auf der anderen Seite ist damit für das städtische Wasserwerk ein Gewinnausfall verbunden. Weiter: je höher der Preis des gewerblichen Wassers ist, desto mehr Fabriken werden veranlaßt, sich selbst mit Wasser zu versorgen. Desto weniger werden aber auch gewisse Anlagen des städtischen Wasserwerkes, die ohnehin vorhanden sein müssen, ausgenutzt. Das würde nur zu einer allgemeinen Verteuerung der Selbstkosten und endlich zu einer Erhöhung des Wasserpreises führen. Diesem erhöhten Preise würden sich nur die wenigen starken Wasserverbraucher durch die Anlegung eigener Gewinnungsanlagen entziehen können, während die mittleren und kleinen Gewerbetreibenden darunter zu leiden hätten. Demgegenüber ist für eine Gemeinde das einzig richtige wirtschaftspolitische Ziel: bezüglich des Rohstoffes, über den sie verfügt, das Wasser, für alle Gewerbetreibende die gleichen, möglichst günstigen Bedingungen zu schaffen. Dabei läßt es sich nicht vermeiden, daß den ganz großen Verbrauchern noch weitere Nachlässe bewilligt werden, so daß möglichst wenige Gewerbetreibende Anlaß nehmen, sich selbst mit Wasser zu versorgen. Es wäre töricht, wollte eine Gemeinde anders handeln; sie ist weder berufen noch in der Lage, die Vorteile des Großbetriebes aus der Welt zu schaffen. Zudem ist die Gesamtsumme der gewährten Nachlässe in Remscheid sehr gering. Es kommen sechs große Werke mit einem Gesamtverbrauch von rund 250 000 cbm im Jahre in Betracht. Diese Verbraucher erhalten auf das von ihnen zu zahlende Wassergeld von zusammen 50 000 Mk. einen Nachlaß von 4900 Mk., also 10 v. H. ihres Verbrauches. Dieser Nachlaß bedeutet jedoch nur etwa 1 v. H. des überhaupt im Jahre eingenommenen Wassergeldes. Die Abnahme jener sechs Werke beträgt reichlich ein Viertel des gesamten Verbrauches. Es ist klar, daß die Versorgung dieser sechs Werke mit Wasser nicht annähernd so viel Kosten verursacht, wie etwa die von 6000 kleineren Beamten- und Arbeiterfamilien, die ebenfalls zusammen einen Verbrauch von etwa 250 000 cbm Wasser im Jahre haben.

Aus diesen Erwägungen heraus ist in Remscheid die Wasserpreisliste gestaltet. Es ist das zugleich ein Beispiel, wie die sozial- und wirtschaftspolitische Richtigkeit einer Preisliste nur unter Berücksichtigung aller örtlichen, von fern her gar nicht zu überblickenden Verhältnisse beurteilt werden kann.

Das Wasser, das für die Straßenreinigung und Besprengung und für die Straßenbauten erforderlich ist, wird vom Wasserwerk nicht berechnet. Das in der städtischen Badeanstalt und auf dem Schlachthofe verbrauchte Wasser wird diesen Anstalten nur zu dem ermäßigten, die Selbstkosten nicht deckenden Preise von 11 Pfg. für den Kubikmeter in Rechnung gestellt. Auch solche zugunsten der Allgemeinheit gemachte Aufwendungen müssen natürlich den Wasserpreis beeinflussen.

III. Das städtische Elektrizitätswerk und Straßenbahnunternehmen.

Das Elektrizitätswerk befindet sich erst seit Beginn des Jahres 1908 im Besitze der Stadt. Das Unternehmen wurde im Jahre 1892 als „Remscheider Straßenbahngesellschaft" in Form einer Aktiengesellschaft gegründet und hatte, wie der Name schon andeutet, ursprünglich nur den Betrieb einer Straßenbahn zum Gegenstande.

Es verdient hier hervorgehoben zu werden, daß das Unternehmen nicht, wie es damals in den meisten mittleren und kleineren Industriestädten geschah, von einer der großen Elektrizitätsgesellschaften ins Leben gerufen wurde, sondern von Remscheider Bürgern selbst. Die Stadt übernahm ebenfalls zwei Fünftel der aufgelegten Aktien.

Das Unternehmen ist also insofern von vornherein ein städtisches gewesen. Eine fremde Gesellschaft würde auch kaum gewagt haben, in Remscheid eine Straßenbahn zu bauen. Nicht ohne Stolz pflegt der Remscheider hervorzuheben, daß, wie er die erste Trinkwassertalsperre in Deutschland gebaut habe, er so auch zuerst gewagt habe, eine Adhäsionsbahn mit Steigungen bis zum Verhältnis von 1 : 10 zu betreiben.

In der Tat ist der Betrieb der Straßenbahn wegen des bergigen Geländes mit solchen Schwierigkeiten verknüpft, daß dieser Teil des Unternehmens für sich allein von Anfang an nicht gewinnbringend gestaltet werden konnte. Das Überwinden der großen Steigung erfordert namentlich an Tagen mit großem Verkehr einen außerordentlichen Aufwand an Strom. Um diesen Strom bereitzuhalten, sind Maschinen notwendig, die in den gewöhnlichen Betriebszeiten kaum zur Hälfte ausgenutzt werden. Dieser Umstand führte bereits im zweiten Betriebsjahre dazu, daß die Gesellschaft ihr Geschäft auf die Kraftabgabe für Motore ausdehnte. Die wirtschaftspolitische Bedeutung der Versorgung der kleineren und mittleren Gewerbetreibenden mit billiger Kraft ist schon oben S. 21 f. erörtert worden. Das somit vorhandene Bedürfnis erleichterte die Aufnahme dieses Geschäftszweiges. Im Jahre 1904 hat die Gesellschaft weiter die Abgabe von Strom zu Beleuchtungszwecken aus einem besonderen Leitungsnetz übernommen. Die Licht- und Kraftabgabe haben dann auch ermöglicht, daß das Unternehmen Gewinn abwarf. Die Gesellschaft hat folgende Gewinne verteilt: im Geschäftsjahre

1893: 0 v. H.	1898: 5 v. H.	1903: 7 v. H.
1894: 0 „ „	1899: 4 „ „	1904: 8 „ „
1895: 0 „ „	1900: 4 „ „	1905: 8 „ „
1896: 3 „ „	1901: 4 „ „	1906: 8 „ „
1897: 4 „ „	1902: 5 „ „	1907: 8 „ „

Nach dem zwischen der Gesellschaft und der Stadt bestehenden Vertrage konnte die Stadt das ganze Unternehmen am 1. Januar 1899, dann wieder am 1. Januar 1904 oder aber erst am 1. Januar 1949 zu ganz bestimmten Bedingungen erwerben. Während die Übernahme zu dem erstgenannten Zeitpunkte nicht in Frage gekommen ist, hatte die städtische Verwaltung den Erwerb des Unternehmens zum 1. Januar 1904 der Stadtverordnetenversammlung vorgeschlagen. Nach dem Vertrage hätten die Aktionäre zu einem Kurse von 132,55 v. H. des Nennwertes ihrer Aktien abgefunden werden müssen. Dieser Preis erschien jedoch der Mehrheit der Stadtvertretung zu hoch; die Übernahme wurde abgelehnt.

Inzwischen haben sich auf dem Gebiete der Versorgung mit elektrischem Strom im rheinisch-westfälischen Industriebezirk große Umwälzungen angebahnt. Es wird heute mehr denn je und zum Teil mit guten Gründen bestritten, daß die Gemeinden berufen seien, sich und ihre Angehörigen mit elektrischem Strom zu versorgen.

Dieser Umschwung in den Ansichten ist hervorgerufen durch die technischen Erfolge, die ein rheinischer Großkaufmann mit dem von ihm gegründeten Rheinisch-Westfälischen Elektrizitätswerk erzielt hat. Dieses inzwischen zu einer Aktiengesellschaft umgewandelte Werk errichtet seine Krafterzeugungsstätten unmittelbar auf einer Kohlenzeche. Die Kohle wird aus der Grube sofort selbsttätig dem Kessel zugeführt. Gleichzeitig werden die bei der Kokserzeugung entstehenden Gase, die früher nutzlos entwichen, zur Kesselheizung verwandt. Dank dieser unmittelbaren räumlichen Verbindung von Zeche, Kokerei und Kraftwerk werden Kohlen gespart und die Verteuerung der notwendigen Kohlen durch Frachten vermieden. Auf diese Weise in die Lage versetzt, einen sehr billigen Strom zu liefern, gelang es dem Werk, eine Reihe von großen Verbrauchern zu gewinnen, deren Bedarf der Zeit und der Menge nach sich so weit ausgleicht, daß das Kraftwerk im ganzen für jede Tages- und Nachtstunde gleichmäßig in Anspruch genommen wird. Dieses sehr zu erstrebende Ziel wurde noch vollkommener erreicht durch Gegenseitigkeitsverträge mit einigen großen, selbst Strom erzeugenden industriellen Werken, die ihren Mehrbedarf an Strom vom Rheinisch-Westfälischen Elektrizitätswerk beziehen und in betriebsruhigen Stunden Strom dorthin abgeben. Durch diese Gegenseitigkeitsverträge wurde endlich aber noch eine weitere wesentliche Ersparnis dadurch erzielt, daß beide Teile darauf verzichten konnten, für sich teuere Aushilfsanlagen zu bauen, die sonst notwendig sind, weil die Hauptanlagen versagen oder einmal nicht ausreichen können.

Diese technisch und nicht minder auch wirtschaftlich gewaltig gerüstete Macht pochte nunmehr an die Tore der Städte. Hier fanden sich fast überall teils im Eigenbetriebe der Gemeinden, teils im Besitze von Gesellschaften befindliche Elektrizitätswerke. Diese Unternehmungen waren in ihrer Leistungsfähigkeit meist den Bevölkerungs- und gewerblichen Verhältnissen angepaßt und mit ihnen allmählich gewachsen. Sie verbrauchten Kohlen, deren Preise ihnen vom Kohlensyndikat vorgeschrieben und die durch die unvermeidlichen Frachten noch verteuert waren. Viele dieser Werke hatten infolge der technischen Fortschritte die zuerst beschafften Maschinen stilllegen müssen, obwohl sie noch hoch zu Buch standen; sie hatten dabei dann aus der Not eine Tugend gemacht und die alten Maschinen zur Aushilfe beibehalten.

Es ist bekannt, daß die zahlreichen Gründungen städtischer Elektrizitätswerke stark gefördert sind durch den Wettbewerb der großen Elektrizitätsgesellschaften, die weniger in dem Betrieb von Kraftwerken, als in dem Absatz ihrer Maschinen ihren Verdienst suchen. Diese Gesellschaften haben häufig, wo sie die Gemeinden für Eigenbetriebe nicht gewinnen konnten, selbst Kraftwerke gebaut, um sie dann nach einigen günstigen Geschäftsjahren an die Gemeinden doch noch zu übertragen.

Es ist noch nicht lange her, daß man ganz allgemein in dieser Entwicklung einen technischen und wirtschaftlichen Fortschritt Deutschlands sah und die Städte lobte, die von vornherein ihre Versorgung mit Kraftstrom selbst in die Hand nahmen. Heute werden zahlreiche Stimmen laut, die jene Entwickelung als unwirtschaftlich schelten und darauf hinweisen, daß die kleinen städtischen Werke, wenn überhaupt, einen Verdienst nur mit Hilfe von Preisen erzielten, die dem heutigen Stande der Technik nicht entsprächen. Gerade deshalb seien diese Werke auch gar nicht imstande, das vorhandene Bedürfnis zu befriedigen, weil der Gewerbebetrieb, der mit solch teurem Strome arbeiten wollte, im Wettbewerbe unterliegen müsse. Die Städte müßten es sogar als ein Glück betrachten, daß ihre Strompreise die großen Fabrikanten verhinderten, Strom vom städtischen Werk abzunehmen. Denn selbst in einer größeren Gemeinde lasse sich ein solcher Ausgleich in der Benutzung eines Kraftwerkes nicht herstellen, daß es Tag und Nacht allstündlich einigermaßen gleichmäßig in Anspruch genommen sei. So müsse ein städtisches Kraftwerk, das seine größeren Verbraucher jederzeit befriedigen wolle, fortgesetzt große Maschinen betriebsbereit halten, ohne sie in einer eine Verzinsung versprechenden Weise ausnutzen zu können. —

Zweifellos würde es zu einem schweren wirtschaftlichen Kampfe mit dem Rheinisch-Westfälischen Elektrizitätswerk gekommen sein, wenn die städtischen Werke nicht durch das ausschließliche Recht der Gemeinden, über ihre Straßen zu verfügen, geschützt worden wären. Andererseits mußte das Rheinisch-Westfälische Elektrizitätswerk in dem ihm angeborenen Ausdehnungsdrange den Weg durch die Städte suchen, und so verhandelte es nach und nach mit einer großen Reihe von Gemeinden. In der Tat gelang es, mit einer Anzahl von Städten langfristige Verträge abzuschließen, und zwar meist auf folgender Grundlage: den städtischen

Werken blieb die Lichtabgabe vollkommen und die Kraftabgabe an die kleineren Verbraucher; die größeren Verbraucher wurden unter Vereinbarung einer je nach dem Stande der Technik nachzuprüfenden Preistafel dem Rheinisch-Westfälischen Elektrizitätswerk überwiesen; auch den Städten selbst verpflichtete sich die Gesellschaft, zu einem bestimmten Preise Strom zu liefern; die Gemeinden wurden bald in dieser, bald in jener Form an dem Gewinn beteiligt. Ein derartiger Vertrag bot den Städten unleugbare Vorteile: ihrer Industrie stand von nun an jederzeit Strom in jeder beliebigen Menge zur Verfügung, die Gemeinden selbst waren am Gewinn beteiligt, ohne zu einer plötzlichen und daher teueren Vergrößerung ihrer Werke übergehen zu müssen; sie konnten ihre Werke bis zum äußersten Rande ihrer Leistungsfähigkeit ausnutzen, weil das Rheinisch-Westfälische Elektrizitätswerk zur Aushilfe jederzeit bereit war. So haben denn nicht etwa nur kleinere und mittlere Gemeinden, sondern auch Großstädte wie Essen (Ruhr) und Mülheim (Ruhr) sich der Gesellschaft angeschlossen. Vielfach übernahmen diese Städte auch einen erheblichen Teil des Aktienkapitals der Gesellschaft. Einzelne Gemeinden treten auch nur als Großabnehmer auf, indem sie den Strom mit einem Zwischengewinn an ihre Einwohner wieder abgeben.

Man hat es hier also mit einer ganz neuen, und zwar recht verwickelten Form privatwirtschaftlicher Tätigkeit der Gemeinden zu tun. In der denkbar unpersönlichsten Form einer Handelsgesellschaft finden sich als Aktionäre zusammen: solche Privatpersonen, die nur Aktien besitzen, also nur gewinnbringende Erzeugung und Verteilung von Kraftstrom wünschen, und Gemeinden, die einmal dank ihrer eigenen Kraftwerke im Wettbewerb mit der Gesellschaft stehen, die dann in sich selbst das zwiespältige Interesse bergen, Überschüsse zu erzielen und ihrer Industrie billigen Strom zu verschaffen, und die endlich untereinander durchaus nicht immer übereinstimmende Interessen haben. Die Lage wird keineswegs vereinfacht dadurch, daß die Städte durchweg auf viele Jahre hinaus der Gesellschaft in der oben mitgeteilten Begrenzung das ausschließliche Recht, Strom abzugeben, eingeräumt haben. Selbst angenommen, daß die in Frage kommenden Gemeinden ihre zeitigen Vorteile richtig erkannt haben, so ist es doch heute noch unmöglich, ein abschließendes Urteil über diese neue Art gemeindlicher, wirtschaftlicher Tätigkeit zu fällen.

Sobald die Entwicklung gezeigt hatte, daß der Zusammenschluß größerer Versorgungsgebiete wirtschaftlicher sei, lag der Gedanke nahe, daß bestehende oder zu diesem Zweck gegründete Kommunalverbände für ihre Bezirke Kraftwerke errichteten. In der Tat ist das geschehen. Diese Gründungen, unter denen vor allem das kommunale Elektrizitätswerk Mark im südwestlichen Westfalen hervorzuheben ist, sind noch zu jung, als daß ein sicheres Urteil möglich wäre. Die meisten Bedenken, die gegen die Vereinigung mehrerer Städte zusammen mit Privatpersonen in einer Aktiengesellschaft erhoben wurden, ließen sich hier wiederholen. Denn ein nur von den Gemeinden selbst errichtetes Elektrizitätswerk erfordert solch große Aufwendungen an Kapital, daß die einzelne beteiligte Gemeinde unbedingt eine hinreichende Verzinsung erstreben muß. Das würde ja auch weiter nicht bedenklich sein, wenn bei allen Gemeinden stets die gleichen Interessen beständen. Das ist aber, wie schon oben hervorgehoben wurde, keineswegs der Fall.

Wenn es schon schwer ist, die Strompreise allen Gewerbetreibenden **einer** Gemeinde nach Wunsch zu gestalten, so gilt das noch mehr, wenn **mehrere** Städte mit vielleicht ganz verschiedenen Gewerben zu einer Elektrizitätsgemeinschaft vereinigt sind. So muß z. B. das Rheinisch-Westfälische Elektrizitätswerk trotz der breiten Grundlage, auf der es arbeitet, dennoch bedacht sein, seine Abnehmer zu einem möglichst jahraus, jahrein und Tag und Nacht gleichmäßigen Stromverbrauch zu veranlassen. Die Gesellschaft hat daher ihre Preistafel so gestaltet, daß die höchsten Nachlässe der Abnehmer bezieht, **der eine große Strommenge auf möglichst viele Betriebsstunden verteilt verbraucht.** Einen wesentlichen Preisnachlaß erzielt nach dieser Preisliste nur ein Werk, das Tag und Nacht in Betrieb ist. Dagegen wird ein Kleingewerbetreibender, selbst wenn er an sich eine ganz ansehnliche Strommenge verbraucht, niemals eine solche Summe von Betriebsstunden erzielen, daß er auf einen Preisnachlaß rechnen kann. Daraus ergibt sich dann, daß eine Gemeinde, in der Betriebe, wie Bergwerke, Stahlwerke usw. überwiegen, mit jener Preistafel wohl einverstanden sein kann, daß aber eine Gemeinde, in der das Kleingewerbe verbreitet ist, eine andere Berechnung der Strompreise erstreben muß.

So sind die Gemeinden in allen wegen ihrer Bevölkerungsdichtigkeit für eine zentrale Versorgung mit Kraftstrom in Betracht kommenden Bezirken vor eine schwierige Frage gestellt. Die Entscheidung wird noch dadurch erschwert, daß die technische Entwicklung mit der vom Rheinisch-Westfälischen Elektrizitätswerk gefundenen Betriebsform (Verbindung von Kraftstromwerk und Zeche) keineswegs auch nur für die nächste Zeit als abgeschlossen erscheint. So glaubt man neuerdings erkannt zu haben, daß die durch jene Betriebsform bedingten Vorteile noch aufgewogen werden können, wenn es einem Kraftstromwerk gelingt, sich billiges Wasser zu sichern. Die neueren Kraftstromwerke verbrauchen nämlich große Mengen Kühlwasser. Die Menge des Verbrauches hängt wesentlich von dem Wärmegrad des zur Verfügung stehenden Wassers ab. So erscheint es durchaus nicht ausgeschlossen, daß selbst ein Werk mit einem kleineren Versorgungsgebiete und ohne die Verbindung mit einer Zeche dennoch den Strom ebenso billig erzeugen kann, wie etwa das Rheinisch-Westfälische Elektrizitätswerk, weil ihm ein besonders kühles Wasser in hinreichender Menge zur Verfügung steht. Diese Möglichkeit scheint auch wieder neue Aussichten für städtische Elektrizitätswerke zu eröffnen. Denn die Städte, die ohnehin fast durchweg im Besitz eines eigenen Wasserwerkes sind, werden das geeignete Wasser eher beschaffen können, als ein privates Unternehmen, namentlich im rheinisch-westfälischen Industriebezirk, wo Wasser durchaus nicht mehr in beliebiger Menge und Beschaffenheit zu haben ist. Vor allem gilt das von den Städten, die sich aus Talsperren mit Wasser versorgen. Denn die Erfahrung hat gezeigt, daß das Wasser am Boden einer größeren Talsperre eine niedrige und auch durch das ganze Jahr ziemlich gleichmäßige Wärme besitzt.

Remscheid gehört zu den Gemeinden, die zur Zeit noch mit dem Rheinisch-Westfälischen Elektrizitätswerk über einen etwaigen Anschluß an diese Gesellschaft verhandeln. Über den Stand dieser Verhandlungen kann natürlich vor ihrem Abschluß nicht berichtet werden. Diese Verhandlungen haben jedoch schon das eine Ergebnis gehabt, daß die Stadt sich nun doch veranlaßt gesehen hat, die „Remscheider-Straßenbahn-Aktiengesellschaft" zu verstadtlichen. Und zwar mußte das im Wege der gütlichen Einigung mit der Gesellschaft erfolgen, weil der nächste im Vertrage vorgesehene Zeitpunkt für eine Übernahme erst am 1. Januar 1949 eintrat. Die Gesellschaft forderte den ihren letztjährigen Gewinnen entsprechenden Preis von 160 v. H. des Nennwertes ihres Aktienkapitals. Nunmehr nahm die Stadtverordnetenversammlung, die noch im Jahre 1903 den Erwerb zu 132,55 v. H. abgelehnt hatte, das Angebot an. Die Erkenntnis war allgemein, daß die, wie oben gezeigt, so außerordentlich schwierige Frage der Krafterzeugung durch eine Gemeinde nicht gelöst werden kann, wenn die weitere Schwierigkeit hinzukommt, daß eine private Gesellschaft durch vertraglich eingeräumte Rechte und durch die aus der Kapitalbeteiligung der Gemeinde sich ergebende geschäftliche Interessengemeinschaft mit der Gemeinde verknüpft ist. Dadurch muß die Bewegungsfreiheit der Gemeinde gelähmt und eine sachgemäße Entscheidung der ohnehin schwierigen Frage verhindert werden. Die Er=

fahrung zeigt also, daß eine Stadt gut tut, auch ihr Elektrizitätswerk selbst zu bauen oder bei der ersten sich bietenden Gelegenheit an sich zu bringen.

Während ein Jahresabschluß des nunmehr städtischen Elektrizitätswerkes und Straßenbahnunternehmens noch nicht vorliegt, kann man doch heute schon feststellen, daß dieser Eigenbetrieb jedenfalls erhebliche Überschüsse nicht abwerfen wird. Das Aufgeld von 60 v. H., mit dem die Aktionäre abgefunden werden mußten, mit dem die Stadt also gewissermaßen das der Gesellschaft seinerzeit verliehene ausschließliche Recht zum Betriebe einer Straßenbahn zurückgekauft hat, mußte in der mit 3 090 000 Mk. in Soll und Haben abschließenden Eröffnungsaufstellung mit rund 560 000 Mk. eingestellt werden. Diese Summen zeigen hinreichend, wie die von einer Stadt hingegebene Erlaubnis zu bewerten ist. Mehr aber noch als durch diesen großen nicht werbenden Posten droht das Gleichgewicht der Einnahmen und Ausgaben durch die Neuerungen gestört zu werden, die fast allgemein für den Betrieb der Straßenbahn gefordert werden. Diesen Betrieb hatte selbst die Gesellschaft nicht gewinnbringend zu gestalten vermocht, obwohl sie Grundsätze befolgte, die für ein privates Unternehmen unter den obwaltenden Umständen selbstverständlich, für ein städtisches dagegen auf die Dauer schwer haltbar sind.

In erster Linie handelt es sich hier um die Fahrpreise. Daß die Fahrpreise den Geländeschwierigkeiten entsprechend höher sind als in der Ebene, ist nicht anzufechten. Die Gesellschaft hatte es jedoch auch stets abgelehnt, irgendwelche Zeit- oder Arbeiterkarten abzugeben. Nur für die Schüler der höheren Lehranstalten bestanden Zeitkarten. Der im übrigen ablehnende Standpunkt der Gesellschaft erklärt sich daraus, daß die Einführung der Zeitkarten keine entsprechende Verbilligung der Selbstkosten zur Folge haben würde. Erfahrungsgemäß werden Zeitkarten nicht nur fast alle um **dieselbe Zeit**, sondern auch zum größten Teil zu der auch sonst **verkehrreichsten Zeit** benutzt. Bei den Straßenbahnen, die in der Ebene verkehren, kann man dem entsprechen, indem für die in Betracht kommende Zeit Anhängewagen eingestellt werden. Das ist in Remscheid wegen der Geländeverhältnisse nicht möglich. Die Einführung der Zeitkarten würde also nicht eine stärkere Benutzung der ohnehin verkehrenden Wagen zur Folge haben, sondern deren Vermehrung erfordern. Die Betriebsausgaben würden sich also stärker erhöhen, als die Einnahmen. Wenn nunmehr die Stadt aus sozialpolitischen Erwägungen, deren Berücksichtigung man von der Gesellschaft weder verlangen noch erwarten konnte, Zeitkarten einführt, so geschieht das auf

Kosten der aus Licht- und Kraftabgabe gewonnenen Überschüsse. Man kann in dieser Möglichkeit je nach der allgemeinen Stellung, die man einnimmt, ebensogut einen Vorteil wie einen Nachteil des städtischen Eigenbetriebes finden.

Weitere Schwierigkeiten liegen auf dem Gebiete der Löhne. Es ist eine bekannte bedauerliche Tatsache, daß die Lohnverhältnisse der in Gemeindebetrieben beschäftigten Arbeiter in der Gemeindevertretung sehr bald zur Parteisache werden. Um so geringer ist die Aussicht, wirklich bestehende Lohnfragen sachgemäß zu lösen. In Remscheid hatte sich nun im Laufe der Zeit die Sitte ausgebildet, daß der Fahrgast fast bei jeder Fahrt dem Schaffner ein Trinkgeld gibt. Dieser Sitte entzieht sich ganz selten jemand. Das hat zur Folge, daß die Schaffner mit den Trinkgeldern als einer festen Nebeneinnahme rechnen. Auch die Gesellschaft hatte darauf Rücksicht genommen, und die festen Gehälter der Fahrer über die der Schaffner hinaus erhöht. Das Trinkgelderunwesen läßt sich also heute, wenn überhaupt, nur beseitigen, indem man gleichzeitig die Löhne der Schaffner erheblich heraufsetzt.

Abgeschlossen sind die Erörterungen dieser beiden Punkte noch nicht. Ihr Vorhandensein zeigt aber schon, daß städtischen Eigenbetrieben eine ganze Reihe von Fragen entstehen, die ein privates Unternehmen gar nicht berühren.

IV. Die Stadt als Grund- und Hausbesitzer. Städtische Wohnungsfürsorge.

Sieht man von dem Grundbesitz ab, der den mannigfachen Zwecken der Verwaltung, dem Schulwesen und den Eigenbetrieben dient, so besitzt die Stadt Remscheid nur wenig von dem Grund und Boden ihres eigenen Bezirkes. Fast alle größeren unbebauten Flächen befanden sich bereits in festen Händen, als bei den Gemeindeverwaltungen die Erkenntnis wach wurde, daß die Gemeinden selbst möglichst umfangreichen Grundbesitz erwerben sollen. Irgendwie nennenswerte Einkünfte aus den nicht den Eigenbetrieben dienenden Grundstücken hat die Stadt daher nicht.

Trotzdem ist die Stadt schon seit Jahren in der Lage gewesen, auf dem Gebiet des Arbeiterwohnwesens tätig zu sein. Ein früherer Bürgermeister der Stadt hatte ihr ein Kapital von 45 000 Mk. hinterlassen. Die Summe wurde dem bereits bestehenden „gemeinnützigen Bauverein" zur Verwaltung übergeben und von ihm dazu verwandt, Arbeiterwohnhäuser zu bauen.

Als infolge des letzten wirtschaftlichen Aufschwunges die Baupreise eine außerordentliche Steigerung erfuhren und daher die Bautätigkeit erlahmte, setzte von sozialdemokratischer Seite eine Bewegung ein, um die Stadt zu veranlassen, selbst in größerem Maßstabe Arbeiterwohnungen zu errichten. Es wurde behauptet, daß eine große Wohnungsnot und ein ungeheures Wohnungselend bestehe. Die Übertreibungen der einen Seite mußten natürlich auf der anderen um so lebhafteren Widerspruch hervorrufen. Die von der rheinischen Gemeindeverfassung mit überwiegendem Einfluß bedachten Haus- und Grundbesitzer, die naturgemäß grundsätzliche Gegner dessen sind, daß die Stadt mit den Bauunternehmern in Wettbewerb trete, leugneten jeglichen Mangel. Da war es denn nicht ohne einen gewissen Humor, daß es der städtischen Verwaltung ohne irgendwelche statistischen Erhebungen gelang, die streitenden Parteien auf die Formel zu einigen, daß eine gewisse, vorübergehende Wohnungsknappheit bestehe. Unter dem Schutze dieser die Theorie verschleiernden Formel siegte die höhere Einsicht. Die Stadtverordnetenversammlung beschloß den Ankauf eines Grundstückes, das in unmittelbarer Nähe größerer Fabriken gelegen und groß genug ist, um eine Straße mit 40 Wohnhäusern aufzunehmen. Es wurde vorläufig der sofortige Bau von 20 Wohnhäusern beschlossen. Die gesamten Mittel wurden von der Landesversicherungsanstalt der Rheinprovinz angeliehen; die Gelder sind nur mit 3 v. H. zu verzinsen und mit 2 v. H. zu tilgen.

Gebaut sind nur Zweifamilienhäuser und zwar je zwei Häuser mit einer gemeinschaftlichen Mauer, im übrigen aber freistehend und rings mit Gartenland umgeben. Einzelne Häuser haben eine dritte sog. Versprungwohnung, die dadurch gewonnen wird, daß bei stark abschüssigen Bauplätzen das Kellergeschoß nach der abfallenden Seite hin zur Wohnung ausgebaut wird. Jede Wohnung enthält drei Zimmer von zusammen 42 und 46 qm Wohnfläche. Die Häuser sind im gefälligen Landhausstil gebaut.

Ein Teil der Wohnhäuser soll im Besitz der Stadt bleiben und an Arbeiterfamilien und zwar vorzugsweise an kinderreiche Familien vermietet werden. Die Baukosten eines solchen Doppelhauses (2 Häuser mit je 2 Wohnungen) betragen rund 13 000 Mk.

Die übrigen Häuser sollen von den Mietern erworben werden. Die Baukosten eines solchen Hauses mit 2 Wohnungen belaufen sich auf 8000 Mk. Diese Häuser sind etwas teurer, weil sie geräumiger gebaut sind, und weil die nicht zum Verkauf bestimmten Doppelhäuser nur ein gemeinschaftliches Treppenhaus haben.

Als Mietpreis wird für jedes Zimmer 93 Mk. (in den Versprung=
wohnungen 65 Mk.) eingesetzt. Die Dreizimmerwohnung kostet somit
rund 280 Mk.

Will ein Mieter ein Haus erwerben, so zahlt er eine entsprechend
höhere Miete. Die Auflassung an ihn erfolgt dann, sobald er ein
Viertel des Kaufpreises in der höheren Miete getilgt hat. Die Stadt
behält das Recht, das Grundstück jederzeit zum selben Preise zurückzu=
nehmen, wenn der Erwerber es weiter veräußert oder sonst einen Ge=
brauch davon macht, der mit dem Zweck der Einrichtung im Wider=
spruch steht.

Das gesamte Unternehmen ist auf eine solche rechnerische Grund=
lage gestellt, daß die Stadt keinen Überschuß erzielt, aber auch keinen
Zuschuß zu leisten hat. Die oben mitgeteilten Mieten sind im Vergleich
zu sonst bestehenden Mietpreisen mäßige; tatsächlich sind sie ja keines=
wegs niedrig, sie entsprechen aber den aus mehrfachen, natürlichen
Gründen[1] in Remscheid sehr hohen Baukosten.

In derselben Richtung wird die Stadt weiterhin tätig, indem sie
Arbeitern, welche Zweifamilienhäuser bauen oder erwerben wollen, Dar=
lehen bei der Landesversicherungsanstalt der Rheinprovinz vermittelt
und dafür die Bürgschaft übernimmt. Die Versicherungsanstalt be=
leiht solche Häuser bis zu 80 v. H. der Baukosten und gibt das Geld
zu einem Zinsfuße von 3 v. H. bei einer Tilgung von 2 v. H.

Um endlich über den Kreis der arbeitenden Bevölkerung hinaus
das Kleinwohnungswesen zu fördern, hat die Stadt eine Hypotheken=
bank gegründet, von der Darlehen an zweiter Stelle gegeben werden
sollen. Dem liegt folgende Erwägung zu Grunde: die in Betracht
kommenden kleinen und mittleren Besitzer sind meist darauf angewiesen,
an erster Stelle ein Darlehen von einer Sparkasse aufzunehmen. Die
Sparkassen beleihen aber grundsätzlich nur bis zur Hälfte des Wertes.
Eine weitere Hypothek ist in einer Industriestadt nur sehr schwer oder
zu sehr ungünstigen Bedingungen zu erhalten. Gerade diese Schwierig=
keit fördert den Bau von sog. Mietskasernen, weil für sie leichter von
einer Hypothekenbank ein Darlehen zu erhalten ist, und weil diese
Banken grundsätzlich 60 bis 75 v. H. des Wertes, tatsächlich aber 80
bis 90 v. H. der Baukosten herzugeben pflegen.

---

[1] Bei den in dem bergigen Gelände herrschenden Winden und Regen muß eine
ganz besondere Bauart angewandt werden, um die Wohnungen vor Kälte und
Feuchtigkeit zu schützen.

Die städtische Hypothekenbank selbst nimmt die für ihren Betrieb erforderlichen Gelder vorzugsweise bei der Sparkasse auf. Sie beleiht nur neu im Stadtbezirk errichtete Häuser, deren Wert einschließlich des Bauplatzes 30000 Mk. nicht übersteigt. Bis zu 75 v. H. dieses Wertes werden Darlehen gegeben. Das Darlehen ist mit 4½ v. H. zu verzinsen und mit 4 v. H. jährlich zu tilgen.

Alle diese Einrichtungen sind noch zu neu, als daß Erfahrungen über sie mitgeteilt werden könnten.

V. Der städtische Schlachthof.

Der städtische Schlachthof in Remscheid besteht seit dem Jahre 1890.

Er wird in Anbetracht des bestehenden Schlachthauszwanges als eine sog. polizeiliche Gemeindeanstalt betrachtet werden müssen. Für seine Benutzung werden Gebühren im ursprünglichen Sinne des Wortes erhoben. Die Gebühren werden für jede einzelne in Betracht kommende Leistung je nach deren Selbstkosten berechnet. Im ganzen wird der Gebührengrundsatz noch dadurch sicher gestellt, daß der Schlachthof, der eine vollkommen gesonderte Buchführung hat, etwaige Überschüsse nicht an die Stadtkasse abliefert, sondern im eigenen Betriebe verwendet. Das Wasser wird dem Schlachthof vom städtischen Wasserwerk mit 11 Pf. für den Kubikmeter berechnet, ein Preis, der noch hinter den Selbstkosten zurückbleibt. Einen Anteil an den allgemeinen Verwaltungskosten vergütet der Schlachthof der Stadtkasse nicht.

Aus den Betriebsüberschüssen ist seit einigen Jahren eine Rücklage zu Erneuerungszwecken gebildet worden. Diese Rücklage beläuft sich heute auf 40000 Mk. gleich 6,4 v. H. des ursprünglichen Anlagekapitals oder 10 v. H. des jetzt noch ungetilgten Anleiherestes. Gleichzeitig wird das Anlagekapital mit durchschnittlich 1¾ v. H. und den ersparten Zinsen getilgt, was zusammen heute einer Tilgung von 3¼ v. H. gleichkommt. So ist dafür Sorge getragen, daß selbst größere Neuanlagen, wenn sie später einmal notwendig werden sollten, keinen empfindlichen Einfluß auf die Gebühren haben können.

Trotz dieser jedenfalls im Vergleich zu anderen Gemeinden sehr billigen Regelung (vgl. die Zusammenstellung von Silbergleit im Bd. I, S. 158 ff.), wird von seiten der Metzger eine Herabsetzung der Gebühren verlangt, wobei auf den Zwang zur Benutzung des Schlachthofes und auf die durch die Gebühren bedingte Verteuerung des Fleisches hingewiesen wird. Auf der anderen Seite fehlt es nicht an dem Wunsche, aus dem Schlachthofe Überschüsse zugunsten der Stadtkasse herauszuwirtschaften. In der Tat gestattet ja auch die preußische Gesetzgebung eine solche Bemessung der Gebühren, daß nach Deckung der Unterhaltungs- und Betriebskosten 8 v. H. des ursprünglichen Anlage- und Betriebskapitals der Stadtkasse zugeführt werden können. Die Stadtkasse würde von diesen 8 v. H. die zu Schlachthofzwecken aufgenommenen Anleihen zu verzinsen und zu tilgen haben und würde danach in Remscheid noch 2,6 v. H. des ursprünglichen Anlagekapitals gleich 16 300 Mk. reinen Überschuß erhalten. Sobald die Anleihen getilgt wären, würden die ganzen 8 v. H. oder 50 000 Mk. Überschuß der Stadtkasse verbleiben. Merkwürdigerweise weist hier die Gesetzgebung selbst die Gemeinde darauf hin, ihr Rechnungsverhältnis zu ihren Betrieben so zu gestalten, wie wir das oben S. 30 f. bei der Gasanstalt als das erwünschte Ziel erkannt haben. Hier würde m. E. aber eine derartige Regelung gerade nicht am Platze sein. Denn sie würde die Schlachthofverwaltung zwingen, außer jener jährlichen Rente von 8 v. H. große Rücklagen herauszuwirtschaften, die einer besonderen Abschreibung gleichkämen. Täte die Verwaltung das nicht, so würde sie, sobald irgend größere Neuanlagen erforderlich wären, von neuem von der Stadtkasse Anleihen erbitten müssen, während die alten Anleihen ihr in alle Ewigkeit ungetilgt belastet blieben. So würde im Laufe der Jahrzehnte die an die Stadtkasse zu zahlende Rente immer höher anschwellen und endlich die Gebühren auf eine unerträgliche Höhe zwingen.

Demgegenüber ist denn doch die in Remscheid getroffene Regelung vorzuziehen. Der Grundsatz, daß ein städtischer Schlachthof weder Zuschüsse erfordern darf, noch Überschüsse abzuliefern hat, gewährleistet am ehesten gleichmäßige und angemessene Gebührensätze. Das ist aber die Hauptsache für die Benutzer und für die Fleischverbraucher.

Die Rechnung, wie sie von Metzgern gelegentlich aufgemacht wird, wonach die Hausschlachtung billiger gewesen sein solle, läßt sich auf dem Papier weder prüfen noch widerlegen. Die Hausschlachtung kann eben niemals den Anforderungen entsprechen, die man heute aus Rücksichten auf die Gesundheit an den Schlachtbetrieb und die Fleischbehandlung stellt. Die dadurch bedingten Mehrkosten sind Erzeugungskosten, die der erzeugte Gegenstand tragen muß. Dagegen ist es allerdings bedenklich, wenn sich an diesen polizeilichen Eingriff ein Zwischenverdienst der Gemeinde knüpft.

Neben dem eigentlichen Schlachthaus enthält der Schlachthof die erforderlichen Kühlhallen, die man schon in einer mittleren Stadt nicht mehr als einen Nebenbetrieb ansehen kann. Abgesehen davon sind größere Nebenbetriebe nicht vorhanden. Um die Kühlanlage auszunutzen, wird Eis erzeugt, das im wesentlichen an einen Brauereibesitzer verkauft wird. Der rohe Erlös betrug im Haushaltsjahre 1907 rund 5400 Mk.

Da der weitaus größte Teil an Schlachtvieh, hier wie überall im Industriegebiet, mit der Bahn herankommt, so besitzt der Schlachthof Bahnanschluß und eine Reihe von Ställen, wo das Vieh bis zur Schlachtung stehen bleiben kann. Der rohe Erlös aus Stall- und Futtergebühren und aus dem Dünger betrug im Jahre 1907 rund 5200 Mk., denen an unmittelbaren Ausgaben für Futter und Streu rund 1400 Mk. gegenüber standen; dazu kommen dann noch die Kosten des Gebäudes, der Reinigung usw., die sich getrennt nicht berechnen lassen.

Das als ungenießbar eingezogene Fleisch wird neuerdings unter Zusatz von Kleie zu einem sehr brauchbaren Viehfutter (für Schweine, Geflügel usw.) verarbeitet, während das dabei in unschädlichem Zustande gewonnene Fett an Seifenfabrikanten usw. gelangt. Dieses Verfahren empfiehlt sich, weil es eine Vernichtung des Fleisches unmittelbar an Ort und Stelle gestattet und somit die Möglichkeit ausschließt, daß das Fleisch dennoch in den Verkehr gelangt. Auch verspricht die Verwertung einen kleinen Gewinn.

Die Überschüsse aller dieser Nebenbetriebe verbleiben natürlich dem Schlachthofe und vermindern dort die Betriebskosten.

VI. Städtische Badeanstalt.

Die städtische Badeanstalt ist im Jahre 1894 eröffnet. Sie enthält eine Schwimmhalle, ferner Wannen-, Brause- und Schwitzbäder.

Auf eigenartige Weise sind die Gelder für den Bau aufgebracht worden. Von den auf 150 000 Mk. veranschlagten Kosten bewilligten die Stadtverordneten drei Viertel unter der Voraussetzung, daß ein Viertel von Bürgern gegen Anteilscheine von je 50 Mk. dargeliehen werde. Diese Anteilscheine sollten an dem Gewinn beteiligt sein, der nach angemessenen Abschreibungen erzielt werde. Der über 4 v. H. erzielte Gewinn sollte zur Tilgung der Anteilscheine verwendet werden.

Die Darlehen sollten der Stadt gegenüber unkündbar sein. In der Tat wurden die Anteilscheine untergebracht. Ein Gewinn ist jedoch bis heute auf sie noch nicht verteilt worden.

Das wirtschaftliche Ergebnis des Badeanstaltsbetriebes ist vielmehr trotz ziemlich hoher Badepreise ein recht ungünstiges. Die bis heute aufgewandten Baukosten betragen 267 400 Mk. Im Jahre 1907 erforderte die Rechnung, die in Einnahme und Ausgabe mit rund 35 200 Mk. abschloß, einen städtischen Zuschuß von rund 12 400 Mk.; außerdem war ein Betrag von 15 400 zum Zwecke der Verzinsung und Tilgung der Anleihen erforderlich, der ebenfalls aus Steuern gedeckt werden mußte. Obendrein erhält die Anstalt das Wasser zu dem die Selbstkosten nicht erreichenden Satze von 11 Pf. für den Kubikmeter, während sie in der seltenen Lage ist, etwa die Hälfte des gebrauchten Wassers zu 8 Pf. den Kubikmeter an ein Walzwerk wieder abgeben zu können.

Auch als Gemeindeanstalt ist der Erfolg der Badeanstalt nur ein begrenzter. Im Jahre 1907 entfiel auf jeden Einwohner etwa ein Schwimm-, Wannen- oder Brausebad. Dabei ist jedoch zu berücksichtigen, daß die großen Entfernungen in der Stadt manchen gerade aus der arbeitenden Bevölkerung abhalten, die Anstalt zu benutzen. Es erfordert schon eine große Begeisterung für die Sache, nach des Tages Arbeit noch einen Weg über Berg und Tal von einer halben bis einer ganzen Stunde zu machen.

An Maßnahmen, um das Baden volkstümlich zu machen, hat es die Stadt nicht fehlen lassen. Der Preis für ein Brausebad beträgt nur 10 Pf., das Volksbad am Sonnabend Nachmittag kostet für Erwachsene 15 Pf., für Kinder 10 Pf.; die Volksschüler und -schülerinnen besuchen klassenweise das Schwimmbad alle zwei Wochen einmal und zwar unentgeltlich; ebenso unentgeltlich wird fortgesetzt einer Anzahl von Volksschülern Schwimmunterricht erteilt.

So leistet die Anstalt immerhin Erhebliches zugunsten der Volksgesundheit und Volkserziehung.

VII. Städtische Sparkasse.

Die Sparkasse der Stadt Remscheid besteht seit dem Jahre 1840. Sie hat sich aus sehr bescheidenen Anfängen entwickelt. Die Spareinlagen betrugen:

am Schlusse der Haushaltsjahre					
	1000 Mark		1000 Mark		1000 Mark
1860	67	1890	5 929	1904	13 473
1865	135	1895	7 416	1905	14 541
1870	413	1900	9 835	1906	15 529
1875	1 609	1901	10 502	1907	16 487
1880	2 833	1902	11 660	1908	17 189
1885	3 851	1903	12 331		

Auf den Kopf der Bevölkerung berechnet betrugen die Spareinlagen am 31. März 1908: 255,63 Mk. Nach der Höhe der Einlagen auf das einzelne Sparbuch zusammengestellt, ergibt sich folgendes:

Einlagen von 1 bis   60 Mk. enthielten 4 815 Sparbücher
   „   „   61 „   150   „   „   2 738   „
   „   „ 151 „   300   „   „   2 234   „
   „   „ 301 „   600   „   „   2 576   „
   „   „ 601 „ 3 000   „   „   4 295   „
   „   „ 3001 „ 10 000   „   „   1 245   „
   „   über 10 000   „   „   228   „
                                zusammen 18 131 Sparbücher

Im Durchschnitt entfiel auf jedes Sparbuch eine Einlage von 948 Mk.

So beachtenswert diese Zahlen sind, so gilt doch auch für Remscheid die allgemein in Deutschland gemachte Erfahrung, daß an den Sparguthaben alle Bevölkerungskreise von den bestgestellten Bürgern bis zum kleinen Mittelstande stark beteiligt sind, daß aber der Arbeiter noch sehr wenig spart.

Die Sparkasse verzinst den Sparern aus den arbeitenden Kreisen der Bevölkerung ihre Einlagen mit 4 v. H. Mehrere größere Fabriken gewähren ihren Arbeitern noch ganz erhebliche Sparbelohnungen, so erhöht ein Werk den Zinsfuß für das bis zum Schluß des Haushaltsjahres stehen gelassene Kapital auf 6 v. H. Trotzdem nun das Werk noch den Sparzwang für alle unverheirateten Arbeiter unter 25 Jahren durch ihre Arbeitsordnung eingeführt hat, ist der Erfolg ein außerordentlich geringer.

Das fragliche Werk beschäftigt rund 1 300 Arbeiter, die mit ihren Familien eine Bevölkerungszahl von rund 6 500 Seelen darstellen.

Diese 1 300 Arbeiter verdienten im Jahre 1908 rund 1 604 000 Mk. Lohn und zwar betrug der Tageslohn bei 123 Arbeitern unter 3 Mk. täglich, bei 764 Arbeitern 3—5 Mk., bei 367 Arbeitern mehr als 5 Mk.

Von diesen 1300 Arbeitern sparten am Ende des Jahres nur 443; sie besaßen zusammen nur 31 800 Mk. Sparguthaben. Es besaßen ein Guthaben von unter 50 Mk. 287 Sparer, von 50—100 Mk. 80 Sparer, von 100—150 Mk. 30 Sparer. Der überwiegende Teil dieser Spargelder ist also auf den Sparzwang zurückzuführen. Der durchschnittliche Bestand eines Sparbuchs belief sich auf 69,60 Mk.; auf den Kopf der durch die Arbeiterschaft des Werkes dargestellten Bevölkerung betrug das Sparguthaben noch nicht einmal 5 Mk. Vergleicht man diese Zahlen mit den oben für die Sparkasse überhaupt ermittelten, so erkennt man, wie gering die Beteiligung der Arbeiterbevölkerung am Sparen ist.

Die Zahl der mit 4 v. H. zu verzinsenden Sparguthaben betrug bei einer am 1. April 1907 vorgenommenen Zählung 2100 von 17 090 Sparbüchern überhaupt, also immerhin reichlich ein Achtel. Wenn man jedoch bedenkt, daß Remscheid vorwiegend eine Arbeitsstadt ist, so erscheinen diese 2100 Sparer, unter denen ein erheblicher Teil Angehörige von Fabrikzwangssparkassen, ein anderer Teil Dienstboten sind, als eine sehr geringe Zahl.

Unter diesen Umständen besteht bei der Sparkassenverwaltung nur sehr wenig Neigung, sich den in neuerer Zeit zahlreich auftauchenden Versuchen, den Spartrieb zu wecken und zu beleben, anzuschließen. Man meint, daß diese Versuche doch im großen und ganzen nur darauf hinauslaufen, die Gelegenheiten zum Sparen möglichst zu vermehren, daß aber den Arbeitern das Sparen nicht bequemer gemacht werden könne, als im Wege der Fabriksparkassen. Über den erzieherischen Wert der Schulsparkassen und des Prämiensparsystems kann man weiter sehr geteilter Meinung sein. Dagegen ist ein Versuch mit den sogen. Heimsparkassen gemacht worden, weil sie gewissermaßen einen Stützpunkt für den Einfluß der Frau, soweit in ihr der Spartrieb lebendiger ist als im Manne, zu bilden geeignet ist. Der Erfolg bleibt abzuwarten.

Hat somit die Sparkasse ihren nächsten Zweck — hier wie anderswo — nicht erreicht, so ist sie dennoch durchaus nicht ohne sozialpolitische Bedeutung. Diese Bedeutung gewinnt sie mit Hilfe ihrer rein wirtschaftlichen Erfolge.

Die städtische Sparkasse in Remscheid hat seit ihrem Bestehen rund 520 000 Mk. Überschüsse an die Stadtkasse abgeführt, und zwar fallen diese Überschüsse fast ausschließlich in die letzten 20 Jahre, wie folgende Übersicht auf S. 56 zeigt.

Das Fehlen von Überschüssen in den Jahren 1898 bis 1901, 1906 und 1907 erklärt sich aus den außerordentlichen Kursverlusten, die die

Haushaltsjahr	Überschuß	Haushaltsjahr	Überschuß
	Mk.		Mk.
1887	14 300	1899	—
1888	15 300	1900	—
1889	16 600	1901	—
1890	16 700	1902	38 900
1891	17 900	1903	35 400
1892	39 500	1904	45 800
1893	41 400	1905	48 300
1894	43 900	1906	
1895	41 000	1907	—
1896	36 200	1887	zusammen:
1897	34 400	bis	485 600
1898	—	1907	

Sparkasse an den in ihrem Besitz befindlichen Wertpapieren erlitt. Diese Verluste betrugen bei einem Bestande an Wertpapieren im Nennwerte von 5 533 000 Mk. im Jahre 1906: 231 000 Mk., von 5 745 000 Mk. im Jahre 1907: 236 000 Mk., zusammen also 467 000 Mk. oder etwa 8 v. H. des Nennwertes gegen den Stand vom 1. April 1906.

Es sind etwa ein Drittel der Einlagen in Wertpapieren, fast ausschließlich Schuldverschreibungen des Reiches oder der Bundesstaaten, angelegt. Dieser Wertpapierbestand ist im Vergleich zu den Sparkassen anderer Städte ein recht hoher. Die Erfahrungen, die man damit gemacht hat, ermutigen nicht sehr dazu, den eingeschlagenen Weg weiter zu beschreiten.

Man hatte bisher den durchaus gesunden Grundsatz befolgt, nur solche Grundstücke zu beleihen, die im Stadtbezirk belegen sind, weil nur diese Pfänder von der Verwaltung selbst auf ihren Wert geprüft werden können. Die Sparkasse in Remscheid gehört ferner zu den wenigen preußischen Sparkassen, die auf Schuldschein, gegen Faustpfand oder Wechsel Darlehen tatsächlich schon seit Jahren nicht gegeben haben. Daraus ergibt sich dann die Notwendigkeit, in den geldknappen Zeiten, wo die Bautätigkeit stockt, also hypothekarische Darlehen nicht begehrt werden, die einkommenden Spargelder anderweit anzulegen. Beginnt alsdann der Geldstand ein flüssigerer zu werden, so wird regelmäßig die wirtschaftliche Aufwärtsbewegung dadurch eingeleitet, daß die Bautätigkeit sich belebt. Nun gibt jedoch die Rückkehr eines flüssigen Geldstandes nicht ohne weiteres auch den Staatspapieren ihren alten Kurs wieder, namentlich dann nicht, wenn der Kursrückgang wie in den verflossenen Jahren ein so starker gewesen ist. Dann ist die Sparkasse an ihren Besitz in Wertpapieren gebunden, da sie ihn mit Verlust nicht veräußern will. Sie ist daher nicht in der Lage, die mit der Belebung der Bautätigkeit wieder einsetzende Nachfrage nach hypothekarischen Darlehen zu befriedigen. Das hat seine Nachteile nicht nur für den Reingewinn der Sparkasse selbst, sondern auch für die Bautätigkeit in der Gemeinde. Vor allem ist der Kleinwohnungsbau auf Sparkassendarlehen angewiesen.

Es wird sich also für eine Sparkasse empfehlen, gerade bei knappem Geldstande einen Teil ihrer Gelder statt in Wertpapieren in flüssigeren Mitteln anzulegen. Meist wird es in solchen Zeiten gelingen, die Gelder bei Banken zu einem Zinsfuße unterzubringen, der dem Zinssatze für Einlagen etwa gleichkommt.

In der Zinspolitik verfolgt die Sparkasse in Remscheid seit einigen Jahren den Grundsatz, unbekümmert um den Geldmarkt sowohl den Zinssatz für Einlagen als auch den für Darlehen gleichmäßig auf derselben Höhe zu halten. Der erstere beträgt $3^1/_2$ v. H. (für Fabrikarbeiter, Dienstmägde usw. 4 v. H.), der letztere $4^1/_4$ v. H. Beide Sätze können im Vergleich mit anderen Industriestädten als mittlere gelten. Für die Schuldner der Sparkasse ist es jedenfalls eine große Wohltat gewesen, daß ihnen der Zinsfuß in der wirtschaftlich schwierigen Zeit nicht gesteigert ist.

Die oben zusammengestellten Überschüsse sind in früheren Jahren ohne weiteres für Armenzwecke und für Volksschulneubauten verwendet worden; sie haben somit einfach zur Entlastung des städtischen Haushalts gedient; die angegebene Verwendung bedeutete nur einen Namen, eine leere Form. Allmählich griff jedoch unter dem Drucke der Aufsichtsbehörde eine strengere Auffassung Platz, und so wurden schon die Überschüsse der Jahre 1896 und 1897 für wirklich gemeinnützige Zwecke, die nicht in den Kreis der notwendigen Aufgaben einer Gemeinde hineingehören, verwandt. Über die Verteilung der in den Jahren 1902 bis 1905 entstandenen Überschüsse gibt die Tabelle auf Seite 58 Aufschluß. Fast ausnahmslos handelt es sich in dieser Übersicht um Aufwendungen, die ohne das Vorhandensein von Sparkassenüberschüssen überhaupt nicht oder jedenfalls nicht in dem Maße gemacht worden wären. So konnte z. B. die Lesehalle und die Volksbücherei, für die einige Bürger der Stadt 25 000 Mk. gestiftet hatten, erst begründet werden, nachdem sich die Stadt verpflichtet hatte, zu den laufenden Kosten außer dem Gebäude jährlich 2000 Mk. aus den Sparkassenüberschüssen zu leisten; ein Betrag, der dann bald auf das Doppelte erhöht wurde. Die Bekämpfung der Tuberkulose, der übrigens auch der unter II, 5 aufgeführte Verein dient,

	Überschüsse der Haushaltsjahre			
	1902	1903	1904	1905
	Mk.	Mk.	Mk.	Mk.
I. Für solche gemeinnützige Zwecke, die von der städtischen Verwaltung selbst verfolgt wurden, wurden verwandt, und zwar:				
1. für die städtische Badeanstalt	13 000	11 000	11 000	11 000
2. für einen Umbau im Krankenhaus	11 000	—	—	—
3. für Haushaltsschulen	—	—	2 000	2 000
4. für die Fortbildungsschule	—	—	7 800	8 800
5. für Handfertigkeitsunterricht	—	—	350	350
6. für den Stadtpark	10 000	9 000	9 000	9 000
II. Außerhalb der städtischen Verwaltung bestehenden, gemeinnützigen Vereinen usw. wurde überwiesen, und zwar:				
1. dem Verein für öffentliche Lesehallen und Bibliotheken	2 000	2 800	2 800	4 000
2. dem Verschönerungsverein	2 900	1 200	1 500	1 500
3. dem Ziegenzuchtverband	—	400	400	400
4. zwei Vereinen für Ferienkolonien	—	1 000	1 000	1 300
5. dem Verein zur Fürsorge für kranke Arbeiter	—	3 000	4 000	4 000
III. Die Bekämpfung der Tuberkulose wurde von der städtischen Verwaltung in Gemeinschaft mit einer „Wohlfahrtsstelle für Lungenkranke" betrieben; dazu aus den Sparkassenüberschüssen	—	5 000	5 000	5 000

würde sicher nicht in dem großen Maßstabe aufgenommen sein, wenn die reichlichen Sparkassenüberschüsse nicht vorhanden gewesen wären.

Ganz besonders verdient aber hervorgehoben zu werden, daß alle die in der Übersicht aufgezählten Zuschüsse auch weiter gewährt worden sind, als in den Haushaltsplan für das Jahr 1908 kein Sparkassenüberschuß eingesetzt werden konnte, weil das Betriebsjahr 1906 nicht Gewinn, sondern Verlust gebracht hatte. Darin liegt eben die große sozialpolitische Bedeutung der Sparkassenüberschüsse, daß mit ihrer Hilfe sozialpolitische Ziele allmählich und fast ohne Kampf zu städtischen Aufgaben werden. In solchen Dingen macht erfahrungsgemäß meist nur die erstmalige Bewilligung einer dauernden Ausgabe durch die Gemeindevertretung Schwierigkeiten; steht sie als solche erst einmal im Haushaltsplan, dann ruft sie in späteren Jahren kaum je mehr auch nur eine Erörterung hervor. Die Erkenntnis von der Zweckmäßigkeit hat inzwischen das ihre getan. Können aber erstmals die Mittel aus Überschüssen irgend eines Betriebes bewilligt werden, so erleichtert das die Neuerung sehr.

Die Aufsichtsbehörde wünscht seit einigen Jahren, daß über die Sparkassenüberschüsse und deren Verwendung eine vom städtischen Haushaltsplan getrennte Rechnung aufgestellt werde. Die oben mitgeteilten Erfahrungen, die sich mehr oder minder in allen mittleren, schwer belasteten Industriegemeinden wiederholen werden, lassen das jedoch nicht als rätlich erscheinen. Dagegen empfiehlt es sich, einen Teil der Überschüsse nicht sofort zu verwenden, sondern anzusammeln für Zeiten, in denen die Sparkasse keine Überschüsse erzielt. Dann wird durch das Ausbleiben solcher Zuschüsse der städtische Haushalt nicht beeinflußt und die Weiterführung der aus den Überschüssen bedachten Unternehmungen nicht gefährdet.

Printed by Libri Plureos GmbH
in Hamburg, Germany